Introduction
イントロダクション

HOUSE
FUTURE BASS
DUBSTEP
HIP HOP
PSYCHEDELIC TRANCE
PROGRESSIVE HOUSE
TRAP
TECHNO
DRUM&BASS
ELECTRO

FL STUDIO 20 BOOK

FL Studio 20の概要とソフトの特徴

Introduction

「FL Studio」は、ベルギーのイメージ・ライン社が開発した音楽制作ソフトだ。個性的な音源やエフェクト、オートメーション機能などを装備し、EDM、テクノ、ヒップホップなど、様々なクリエイターから熱狂的な支持を集めている。まずはソフトの特徴をダイジェストで紹介していこう。

特徴 その❶

パターンやクリップを
プレイリストに配置することで曲を作る！

「FL Studio」では、音源で作成したフレーズを「パターン」、オーディオ素材やオートメーション情報を「クリップ」と呼んでいる。これらを「プレイリスト」に並べることで曲を構築していく仕組みだ。

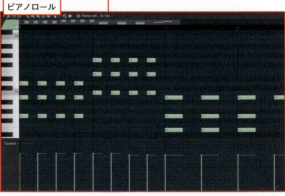

↑➡パターンは、ステップシーケンサーまたはピアノロールで作成していく。FL Studioでは複数の音源をレイヤー（重ねた）してパターンを作ったり、プレイリストの各トラックに異なるパターンやクリップを混在させて配置できるのも特徴だ

2

特徴 その❷
個性豊かな音源（ジェネレーター）を標準装備！

　リズムマシン、加算合成、減算合成、FM、グラニュラーなど、「FL Studio」には約40種類の音源が用意されている。特にウネリのあるWobble Bass（ウォブルベース）が生み出せる「Sytrus」や、オーディオサンプルを瞬時にスライスして鍵盤に配置できる「Slicex」は強力だ。

特徴 その❸
定番フレーズを素早く構築できるMIDI入力／編集機能を用意！

　MIDIデータの入力や編集をサポートする強力なエディット機能を持っているのも「FL Studio」の特徴だ。例えば、ダンスミュージックの定番とも言える「スネアロール（連打）」を瞬時に作成したり、音程が重なるところでピッチが変化するスライド効果も簡単に設定できる。

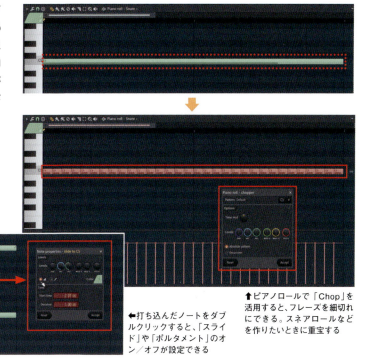

←打ち込んだノートをダブルクリックすると、「スライド」や「ポルタメント」のオン／オフが設定できる

↑ピアノロールで「Chop」を活用すると、フレーズを細切れにできる。スネアロールなどを作りたいときに重宝する

3

特徴 その④
高性能なプラグイン（エフェクト）！

　「FL Studio」には、リバーブ、ディレイ、コンプレッサーといった定番のものから、サウンドを大胆に加工するフィルターやグリッチ系まで、50種類を超えるエフェクトが用意されている。特に視覚的にサウンドの状況が確認できる「Fruity Limiter」や、かけるだけで出音が際立つ「Soundgoodizer」には注目だ。

特徴 その⑤
柔軟なルーティングが売りのミキサー！

　音源ごとにミキサートラックが追加されていく一般的なDAWソフトとは異なり、「FL Studio」ではあらかじめ125のミキサートラックが用意されている。ミキサートラックのルーティングの自由度は非常に高く、任意のトラックをセンドエフェクト用に利用したり、複数の音源をまとめて出力するグループトラックとして活用するなど、様々な使い道が考えられる。

⬆ミキサートラックは表示サイズも変更できる。上段メニューで「Compact」、「Wide」、「Extra large」などを切り替えて使う仕組みだ

⬆チャンネルラックの「ターゲットミキサートラック」の番号で、ミキサートラックへの割当てが行なえる。画面は付属音源「3×Osc」をミキサートラックの「5」に設定してみたところ

Introduction
FL Studio 20の概要とソフトの特徴

特徴 その❻
自由自在に設定できるオートメーション！

音源やエフェクトのパラメーターの動きは、オートメーション情報として記録できる。リアルタイムに操作した内容はもちろん、パラメーターごとに細かくオートメーションのカーブを描くことも可能だ（任意のパラメーターを右クリックして、「Create automation clip」を選択するとオートメーション情報が設定できる）。

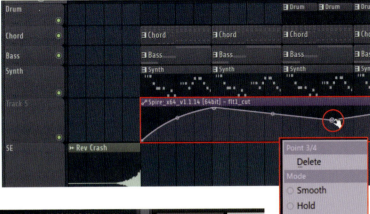

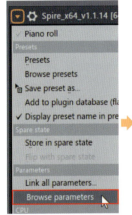

↑サードパーティー製の音源の場合、音源の「Plugin options」メニューから「Browse parameters」を選択すると、ブラウザにパラメーターが表示される。任意のパラメーターを右クリックし、「Create automation clip」を選択するとオートメーション情報をプレイリストに設定可能だ

↑プレイリストに表示された「automation clip（オートメーションクリップ）」のラインは、画面のようにドラッグ操作でカーブを変更できる。ドットを右クリックすると、カーブのタイプなども変えられる

特徴 その❼
ライフタイムアップデート
（生涯永久無償アップデート）※

イメージ・ライン社では一度「FL Studio」を購入すると、新たなバージョンを無償で手に入れられる「ライフタイムアップデート」制度を採用している。これは他のDAWソフトとの大きな違いで、とても魅力的な制度と言えるだろう。

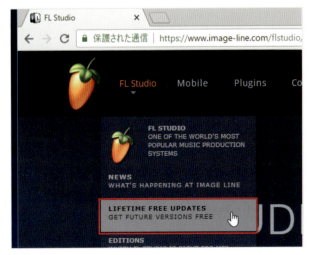

※FL Studio Ver9以前をお持ちの方はライフタイムアップデート対応ではありません

5

FL STUDIO 20 BOOK

バージョン20の新機能

Introduction

「あなたの頭の中にあるサウンドを最も速くスピーカーから鳴らせる」をキャッチフレーズに、20年にわたり進化を続けてきた「FL Studio」。2018年5月24日にリリースされた最新バージョンの20では、待望のMac環境に対応した他、タイムシグネチャー（拍子）を変更できる機能やCPU負荷を軽減できる「In-situレンダリング」、プレイリストのアレンジ機能などを新搭載。今まで以上に強力なDAWソフトになっている（※）。

※「FL Studio 20」は、国内代理店の株式会社フックアップより購入することができます。詳しくは、https://www.hookup.co.jp/

●主な新機能

・Mac環境への対応
macOS（64ビットネイティブ）に対応。MacのVST/AUプラグインとしても動作し、さらに制作したプロジェクトはWindows環境とMac環境の間で完全互換となっている。

・タイムシグネチャー
プレイリスト／パターン共に無限のタイムシグネチャー（拍子）を設定できる。プレイリストに異なるタイムシグネチャーのパターンを混在させることも可能。

・In-situレンダリング（フリーズ）
選択したオーディオやパターンをオーディオへバウンスする機能を搭載。高負荷な音源やエフェクトを使っている場合でも、オーディオ化することで、CPU負荷を軽減できる。

・プレイリストのアレンジ機能
プレイリストに複数の"アレンジ"を持たせることができる機能を装備。複数のアレンジを切り替えることで、様々な曲のバリエーションをその場で試すことができる。

・プラグインのディレイ補正
エフェクトを通すことによる音の遅延を改善。リミッターやコンプなどをかけた際の精度が上がっている。

 FL Studio 20 最低動作環境

【Windows】
・Microsoft Windows 10、8/8.1、7 (64-bit)以降

【Mac】
・macOS 10.11以降

【共通】
・3 GB以上のHDD空き容量
・1 GB以上のメモリ（OSが必要とするメモリー）
・対応するオーディオインターフェイス
・XGA以上の解像度のディスプレイ（SXGA以上を推奨）
・インターネット環境（「ライフタイム フリーアップグレード」の適用などに必要）

※多くのバーチャルインストゥルメントやエフェクトの動作のため、マルチコアのなるべく速いCPUを推奨

Contents
目次

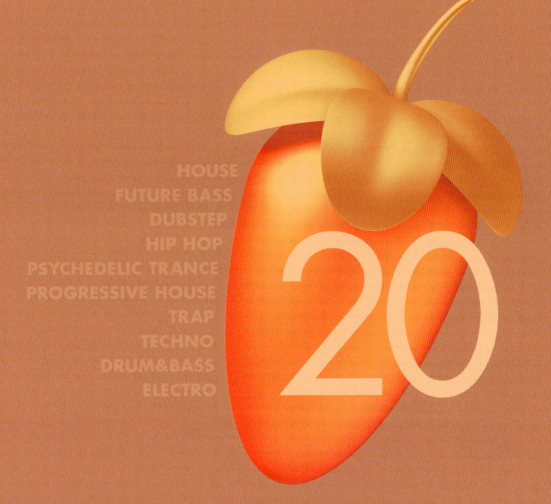

HOUSE
FUTURE BASS
DUBSTEP
HIP HOP
PSYCHEDELIC TRANCE
PROGRESSIVE HOUSE
TRAP
TECHNO
DRUM&BASS
ELECTRO

イントロダクション ... 1
- FL Studio 20の概要とソフトの特徴 ... 2
  - バージョン20の新機能 ... 6

CHAPTER 1 FL Studioの使い方 ... 11
- 主なウィンドウとバー／パネルの使い方 ... 12
  - プロジェクト ... 12
  - ツールバー（パネル／メニュー） ... 13
  - ブラウザ ... 20
  - チャンネルラック ... 22
  - チャンネルセッティング ... 25
  - ピアノロール ... 26
  - プレイリスト ... 28
  - ミキサー ... 30

CHAPTER 2 インストール＆セットアップ ... 33
- FL Studio 20をインストールする（Windows編） ... 34
- FL Studio 20をインストールする（Mac編） ... 38
- 新規プロジェクトの起動（デモ曲を聴いてみる） ... 41
- オーディオインターフェイスを使って音を鳴らす ... 44
- MIDIキーボードをセットアップする ... 45
- サードパーティー製の音源／エフェクトをインストールする ... 46

CHAPTER 3 FL Studioでの曲作りの大まかな流れ ... 47
- パターンを作成する その①（ステップシーケンサー編） ... 48
- パターンを作成する その②（ピアノロール編） ... 53
- 「フィルターグループ」を活用してチャンネルラックを上手に管理する ... 64
- プレイリストにパターンを配置する ... 66

- ●MIDIコントローラーを使って音源のパラメーターの動きを記録する ······ 76
- ●オーディオをサンプリング（録音）する ················· 79
- ●ミキサーでサウンドを調整する
  （音量、エフェクト、グルーピング etc...） ············· 84
- ●オートメーションを設定する
  （音量、エフェクト、音源のパラメーター etc...） ·········· 92
- ●オーディオファイルの書き出し ················· 95
- ●プロジェクトのバックアップ方法 ················· 97

CHAPTER 4

EDM系トラックの作り方 Tips集 ············ 99

- ●サイドチェインでフレーズの鳴りを変える ············· 100
- ●スネアロール＆ピッチアップを素早く作る ············· 110
- ●「Sytrus」でWobble Bass（ウォブルベース）を作る ······· 118
- ●「Slicex」で声ネタのカットアップを行なう ············ 128
- ●ループ素材を活用する（楽曲のテンポに合わせる／編集機能 etc...） 134
- ●ボコーダー「Vocodex」を使ってロボットボイスを作る ······· 138
- ●ライザー系サウンドの作り方 ················· 144
- ●楽曲の音圧をアップさせる方法 ················· 151
- ●「ZGameEditor Visualizer」でYouTube用のPVを作る ···· 154
- ●サードパーティー製VST音源を活用する
  （Sylenth1／Nexus2／Spire etc...） ············ 162

CHAPTER 5

FL Studioをさらに使いこなす ············ 169

- ●楽曲で「マーカー」を活用する方法（マーカーの追加／移動 etc...） 170
- ●パターンやプレイリストの「拍子」を変更する方法 ········· 174
- ●「パンチイン／パンチアウト」の方法 ·············· 176
- ●「テンポチェンジ」を行なう方法 ················· 180
- ●プレイリスト アレンジメンツの活用法 ············· 186
- ●コンソリデイト機能でトラックやクリップ、
  パターンをオーディオ化する方法 ·············· 190
- ●「スタンプ」を利用してノートを入力する ············· 193
- ●「パフォーマンスモード」の使い方 ················ 197

覚えておきたいショートカット 201

● シーン別・ショートカット活用法 202

FL Studio付属プラグインの紹介 209

● Generator（音源）編 210
● Effects（エフェクツ）編 224

Special Index 238

● キーワードで探す 238

CHAPTER 1 FL Studioの使い方

主なウィンドウとバー/パネルの使い方

CHAPTER 1

FL Studioでは、楽曲のことを「Project（プロジェクト）」と呼んでいる。ここでは、プロジェクトの操作画面に出てくる「メニューバー」や「パネル」、「ブラウザ」、「プレイリスト」といった各種ウィンドウ、バー/パネルなどについて順番に紹介していこう。

■プロジェクト

　FL Studioは、プロジェクトの上段に楽曲全体の設定や操作を行なう「メニューバー」や「パネル」、左側にオーディオサンプルなどを読み込むための「ブラウザ」、画面中央に「プレイリスト」や「ミキサー」を並べるのがデフォルトの画面構成となっている。なお、各ウィンドウやパネルは、ドラッグ操作で簡単に希望の位置に移動させることも可能だ。それぞれの役割を覚えて、自分のやりやすいレイアウトを見つけよう。

Ⓐ**ツールバー（パネル／メニュー）**：新規プロジェクトの作成、保存といった操作を行なう「FILE」メニューやパソコンのCPU負荷を表示する「CPUパネル」、クリック1つでウィンドウを表示する「ショートカットパネル」などが並ぶエリア（詳しくはP.13以降を参照）

Ⓑ**ブラウザ**：エフェクトやジェネレーター（音源）のプリセットを選んだり、オーディオサンプルなどを管理するためのエリア。ツリー構造となっており、現在使用中のプロジェクトに関するデータを収納した「Current Project」フォルダなども用意されている（詳しくはP.20以降を参照）

Chapter 1
FL Studioの使い方

Ⓒ **チャンネルラック**：ジェネレーター（音源）やオーディオサンプルを読み込み、内蔵のステップシーケンサー／ピアノロールを用いて「パターン」と呼ばれるフレーズを作成するところ。FL Studioでは作成した「パターン」を「プレイリスト」に並べることで曲の形にしていくのが基本だ（詳しくはP.22以降を参照）

Ⓓ **チャンネルセッティング**：オーディオサンプルやジェネレーター（音源）に関する各種設定を行なうところ。新規にオーディオサンプルやジェネレーターを追加したり、チャンネルラックの各チャンネルボタンをクリックすると表示される（詳しくはP.25以降を参照）

Ⓔ **ピアノロール**：ピアノ鍵盤に見立てた画面（上下で音程、左右が時間軸）で、フレーズを入力することができるシーケンサー。FL Studioのピアノロールは左クリックでノートの入力、右クリックでノートの削除が行なえる他、音符の長さをその都度指定しなくても、最後に入力（または編集）したノートの長さが保持されるのが特徴だ（詳しくはP.26以降を参照）

Ⓕ **プレイリスト**：シーケンサーで作成した「パターン」やオーディオの「オーディオクリップ」、オートメーションデータの「オートメーションクリップ」を並べて、楽曲を構築していくエリア。バージョン20からは最大500トラックまで使用でき、各トラックに異なる種類のクリップを同時に配置できるのもポイントだ（詳しくはP.28以降を参照）

Ⓖ **ミキサー**：最大125のインサートトラックとマスタートラックを装備したミキサー。チャンネルラックに読み込んだジェネレーター（音源）やオーディオサンプルなどの音量調整、エフェクト処理が行なえる。ミキサー下部では擬似的なケーブルを使ったトラック間のルーティングも確認できる（詳しくはP.30以降を参照）

■ツールバー（パネル／メニュー）

●メインパネル

① **メニューバー**：各種メニューが並ぶエリア（詳しくはP.14のメニューの詳細を参照）

② **タイトルバー**：FL Studioで開いている現在のプロジェクト名を表示するエリア

③ **ヒントパネル**：マウスカーソルで選択した項目の情報を表示するエリア。操作しているパラメーターの値なども表示される

④ **シンクインジケーター**：MIDIコントローラーなど、パラメーターのアサイン状況を表示するエリア

⑤ **マスターボリューム**：FL Studioのメインボリュームを設定するスライダー　NOTE①

⑥ **マスターピッチ**：FL Studio全体のピッチを調整するスライダー

NOTE①
すぐにプロジェクトの音量を調整できるマスターボリュームだが、オーディオの書き出しを行なう場合はデフォルトの位置に戻しておく必要がある。マスターボリュームを右クリックして「Reset」を選ぶと、ボリュームレベルが元の位置にリセットされる

NOTE ②

「Undo／Redo」は、Windows＝「Ctrl」+「Alt」+「Z」、Mac＝「command」+「option」+「Z」でヒストリを逆方向に遡ることができ、Windows＝「Ctrl」+「Z」、Mac＝「command」+「Z」でヒストリ内を順方向に移動する仕組みだ。また最後のステップまで到達すると、通常のワンステップのアンドゥ／リドゥと同じ動作となる

NOTE ③

パターンを選択した状態で「Move up」や「Move down」すると、パターンリスト内の表示の順番を変更することができる

NOTE ④

「Split by channel」をクリックすると、チャンネル別のパターンを生成することができる

NOTE ⑤

「Layout」→「Background」→「Set image wallpaper…」を選択すると、プロジェクトの背景（壁紙）を変更することができる

メニューバーの詳細

[FILE]：新規のプロジェクトを起動する「New」、テンプレートから起動する「New from template」、プロジェクトを保存する「Save」、名前を付けて保存する「Save as」、プロジェクトファイル以外を読み込む「Import」、出来上がった曲などをオーディオファイルやMIDIファイルで書き出す「Export」などを選択するメニュー

[EDIT]：操作した内容をキャンセルして元に戻す「Undo／Redo」、ノートのコピー＆ペーストなどに使用する「Copy」、「Paste」といった編集コマンドを選択するメニュー NOTE ②

[ADD]：チャンネルラックにジェネレーター（音源）を加えたり、ミキサーのエフェクトスロットにプラグインを追加する、新規パターンを追加するといった操作を行なうメニュー

[PATTERNS]：空のパターンに移動する「Find first empty…」、パターンの名称／色を変更する「Rename and color…」、新たなパターンを挿入する「Insert one」、パターンを複製する「Clone」、削除する「Delete」など、パターンに関する操作を行なうメニュー NOTE ③ NOTE ④

[VIEW]：プレイリストやピアノロール、チャンネルラックといったウィンドウを表示したり、ウィンドウのレイアウト変更、ブラウザに表示させる内容など、各種表示に関する操作を行なうメニュー NOTE ⑤

[OPTIONS]：MIDIセッティング、オーディオセッティング、ジェネラルセッティング、ファイルセッティングといったシステムに関することや、プロジェクトのセッティング、MIDIのリモートコントロールやシンクをオン／オフさせるなど、オプションに関する操作を行なうメニュー

[TOOLS]：ブラウザ内を検索する「Browser smart find…」、ワンクリックで「Edison」を起動して録音を開始する「One-click audio recording」、様々なフレーズを自動生成する「Riff machine」などの操作を選択するメニュー

[HELP]：ヘルプマニュアルを表示したり、レジストレーションに関する操作を行なうところ。インターネットリンクでは、FL Studioにまつわる様々なサイトに飛ぶこともできる

●トランスポートパネル

①**パターン／ソングモード**：パターンモードとソングモードを切り替えるために使用する。パターンモードのときは現在表示されているパターンのみが再生され、ソングモードのときはプレイリストにあるシーケンス全体が再生される

②**再生／一時停止**：パターンやプレイリストを再生／一時停止するボタン。「録音」ボタンが押されたレコーディングモードのときは、MIDIフレーズの入力やツマミによるオートメーション操作の記録の開始／一時停止として機能する

14

③ **停止**：再生やレコーディングを停止する際に使用する。プレイリストでは楽曲の先頭に再生ポジションが戻る

④ **録音**：オーディオやMIDI、オートメーションの録音を行なうために使用する。これをオンにするとダイアログが表示され、録音の方法を選択することができる。なお、右クリックすると「Automation」、「Score」、「Audio」、「Clips」、「Recording starts playback」といったレコーディングフィルタの選択や、録音する際のインプットクオンタイズの設定も行なえる **NOTE 6** **NOTE 7**

⑤ **テンポ**：楽曲のテンポを表示するエリア。テンポの値は数値を上下したり、右クリックメニューから変更可能。右クリックメニューには、タップでテンポを計測する「Tap」も用意されている

⑥ **ソングポジションスライダー**：プレイリストにおける現在の再生ポジションを設定するスライダー

録音モードについて

録音ボタンをクリックすると表示されるダイアログの意味は下記の通りだ。

- 「**Audio, into the Edison audio editor/recorder**」＝プラグインの「Edison」を利用してオーディオを録音したいときに利用する

- 「**Audio, into the playlist as an audio clip**」＝プレイリストにオーディオクリップとして直接オーディオを録音したいときに利用する

- 「**Notes & Automation**」＝MIDIフレーズやオートメーションを録音したいときに利用する

- 「**Everything**」＝すべてをレコーディングしたいときに利用する

- 「**Show me some more help**」＝ヘルプを表示したいときに利用する

NOTE 6
レコーディングフィルタの使い方は下記の通り

- 「Automation」＝ノブ、スライダー、スイッチの動きを記録したいときにチェックを入れる。例えば、ジェネレータ（音源）を録音するが、そのノブの動きを記録する必要がないといった場合にはオフにする

- 「Score」＝MIDIキーボードなどからノートデータを録音したいときにチェックを入れる。例えば、ボーカル録音のために伴奏としてキーボードを演奏するが、それは記録する必要がないという場合にはオフにする

- 「Audio」＝オーディオを録音したいときにチェックを入れる

- 「Clips」＝パフォーマンスモードで、プレイリストのクリップにトリガーとして記録される

- 「Recording starts playback」＝「録音」ボタンをクリックすると、ただちにプロジェクトが再生される

NOTE 7
インプットクオンタイズには下記の4つが用意されている

- 「Notes start time」＝各ノートの先頭を揃える

- 「Notes end time」＝各ノートの後ろを揃える

- 「Leave note duration」＝各ノートの長さを保持したまま揃える

- 「Automations」＝ボリューム、パン、ノブ、スライダー、およびマウスの動きをクオンタイズして記録する

NOTE ⑧

「Z」キーの1オクターブ高いスケールは「Q」キーから右方向に並んでいる。なお、タイピングキーボード トゥ ピアノキーボードを右クリックすると、「Z」や「Q」で基準とする音程をC3、C4、C5から選択したり、各種スケールを選ぶことも可能だ

● レコーディングパネル

① **メトロノーム**：楽曲の録音、再生中にメトロノームを鳴らしたいときに使用する。右クリックすると、「Hi-hat（ハイハット）」、「Tick（ティック）」、「Beep（ビィープ）」、「Cowbell（カウベル）」から音色を選ぶこともできる

② **ウェイトフォーインプット**：MIDIキーボードなどの入力信号が検知されるまで、録音を待機状態にしてくれる。録音開始と同時に演奏を始めたいときに有効な機能だ

③ **カウントイン**：MIDIキーボードやパソコンのキーボードを使ってフレーズを録音する際に、録音前の「タンッ、タンッ、タンッ、タンッ」というガイド音（カウント）をオン／オフできる。右クリックでカウントの小節数を「1」または「2」から選択することも可能

④ **ブレンドレコーディング**：すでに録音されたMIDIフレーズに対して、別のフレーズを重ねて録音したいときに利用する。これがオフの状態では、元のフレーズは上書きされる（元のフレーズは消去される）

⑤ **ループレコーディング**：ピアノロールやプレイリストで、指定した範囲を繰り返し録音できる

⑥ **タイピングキーボード トゥ ピアノキーボード**：パソコンのキーボードをMIDIキーボード代わりに使えるというもの。これがオンになっていると、パソコンの「Z」キーから右方向にド、レ、ミといったように演奏できる **NOTE ⑧**

⑦ **オートスクロール**：ピアノロールやプレイリストで再生したとき、再生ポジションのラインが画面に追従して動くようにするためのボタン

⑧ **ステップエディティング**：ステップレコーディングを行なう際に使う。これがオンになっていると、ピアノロールなどでステップレコーディングが可能になる

⑨ **ノート／クリップグルーピング**：ピアノロールやプレイリストにおけるグループ編集機能をオン／オフするために使う（ピアノロールやプレイリストの「Group」メニューからもオン／オフ可能）。この機能を有効にすると、複数のノートやクリップを同時に編集することができ、オフにすると一時的にグループ編集が解除される

⑩ **マルチリンクコントローラーズ**：ジェネレーター（音源）やプラグインのツマミなどをMIDIコントローラーに割り当てる際に使用する。このボタンをオンにした状態でFL Studio上の任意のパラメーターを動かし、続けてMIDIコントローラーのツマミを触ると割り当てが完了する。複数のパラメーターを1つのMIDIコントローラーのツマミにアサインすることも可能だ

● タイムパネル

タイムパネル：再生ポジションの位置を表示するエリア。右クリックすると、「M（分）：S（秒）：CS（0.01秒）」、「B（小節）：S（ビートまたはステップ）：T（ティック）」の切り替えも可能 **NOTE ⑨**

NOTE ⑨

ビートまたはステップのどちらを表示するかは、右クリックメニューの「Middle unit」から「Step」か「Beat」にチェックを入れることで選択できる

Chapter 1
FL Studioの使い方

●スナップパネル

グローバルスナップセレクター：ピアノロールやプレイリストの「スナップ」が「Main」に設定されているときに有効なスナップ値（入力や吸着される単位）。用意されているスナップ値の詳細は下記の通りだ **NOTE⑩ NOTE⑪ NOTE⑫**

・Line：最も近いグリッドライン
・Cell：セルの先頭
・(none)：移動の制限がなくなる
・1/6 step：1ステップを6で割った値
・1/4 step：1ステップを4で割った値
・1/3 step：1ステップを3で割った値
・1/2 step：1ステップを2で割った値
・Step：1ステップ単位（デフォルトだと16分音符）
・1/6 beat：1ビートを6で割った値
・1/4 beat：1ビートを4で割った値
・1/3 beat：1ビートを3で割った値
・1/2 beat：1ビートを2で割った値
・Beat：1ビート単位（デフォルトだと4分音符）
・Bar：1小節

NOTE⑩
「Line」と「Cell」の違いは、ノートやパターンを入力した位置で考えるとわかりやすい。「Cell」の場合は、セルの範囲内（グリッドラインとグリッドラインの間）のどこをクリックしてもそのセルの先頭にデータが入力されるのに対して、「Line」の場合は近くのグリッドラインを検知して、そのグリッドライン先頭にデータが入力される

NOTE⑪
Windows＝「Alt」、Mac＝「option」キーを押しながらイベントをドラッグすると、スナップの単位を一時的に無効にすることができる。スナップの値を変更しながら、ノートの長さもそれに合わせて編集する際に覚えておくと便利なショートカットだ

NOTE⑫
ピアノロールの「スナップ」を「Main」にしている場合、ステップレコーディングされるノートの長さは「グローバルスナップセレクター」で選択している値になる

●アウトプットモニターパネル

①**オシロスコープ／スペクトログラム**：オーディオ出力の表示をオシロスコープ、またはスペクトログラムで表示するエリア。右クリックで表示タイプを選ぶことができる

②**ピークメーター**：オーディオ出力の音量を表示するメーター。クリップした場合など、出力レベルが過大な場合は、メーターが赤色表示となる

●パターンパネル

①**パターンオプション**：クリックするとプルダウンメニューが表示され、空のパターンに移動したり、パターンの複製、削除、パターン名の変更、リスト内の移動など、パターンに関する操作が行なえる

②**パターンセレクター**：使用するパターンを選択するエリア。上下にドラッグするとパターンナンバーを変更することができる。999パターンまで設定可能だ

③**ニューパターン**：新規のパターンを作成するボタン

●**CPU & メモリパネル**

①**CPUメーター／CPUグラフ**：現在のプロジェクトでのおよそのCPU使用率を「メーター」と「％」、「グラフ」で表示するエリア

②**メモリメーター**：FL StudioでRAM（メモリ）をどのくらい使用しているかを表示するエリア

③**ポリフォニー**：同時に発音しているボイス数（音数）を表示するエリア

●**ショートカットパネル①**

①**ビュープレイリスト**：「プレイリスト」の表示／非表示を切り替える

②**ビューピアノロール**：「ピアノロール」の表示／非表示を切り替える

③**ビューチャンネルラック**：「チャンネルラック」の表示／非表示を切り替える

④**ビューミキサー**：「ミキサー」の表示／非表示を切り替える

⑤**ビューブラウザ**：「ブラウザ」の表示／非表示を切り替える

⑥**オープンプロジェクト／プラグインピッカー**：「プロジェクト」や「プラグインピッカー」の表示／非表示を切り替える

⑦**オープンプラグイン**：「プラグイン」の表示／非表示を切り替える

⑧**ビューテンポタッパー**：「テンポタッパー」の表示／非表示を切り替える

⑨**ビュータッチコントローラー**：「タッチコントローラー」の表示／非表示を切り替える

●**ショートカットパネル②**

①**アンドゥ／ヒストリ**：最後に操作したコマンドをアンドゥする。右クリックすると「ブラウザ」から履歴（ヒストリ）を開くこともできる

②**オーディオエディタを開く**：オーディオエディタとして「Edison」を起動する。複数のエディターを表示したいときは、右クリックで新規の「Edison」を表示することもできる

③**ワンクリックオーディオレコーディング**：オーディオインターフェイスを介して、ボイスサンプルなどを録音する。クリックすると「into Edison audio editor/recorder（Edisonを使って録音する）」、または「into playlist as audio clip（プレイリストにオーディオクリップとして録音する）」というメニューが選択できる

④**ヘルプ**：ヘルプファイルを表示する

⑤**名前を付けて保存**：「プロジェクト」の保存が行なえる

Chapter 1
FL Studioの使い方

⑥**オーディオとして書き出す**：「パターン」や楽曲をオーディオファイルとして書き出せる

⑦**ビュープロジェクトインフォ**：「プロジェクト」に関する情報を表示する

● **オンラインパネル**

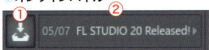

①**コンテンツライブラリ**：FL Studioやプラグインに追加コンテンツをダウンロード／購入するためのボタン。クリックするとブラウザウィンドウが起動し、FL Studio内にインストールしたプリセットやオンラインで購入可能なライブラリのリストが表示される

②**オンラインニュース**：イメージ・ラインからのニュースやアナウンスを表示するエリア

● **システムパネル**

（Windowsの場合）　（Macの場合）

①**最小化**：プロジェクト画面の表示を最小化する

②**最大化／復元**：プロジェクト画面を最大化／復元する

③**閉じる**：プロジェクト画面を閉じる

🍓 **ツールバーは自由な位置やレイアウトに変更できる**

　メニューバーやパネルは、右クリックすると表示されるプルダウンメニューから「Edit」を選択すると、表示の順番を入れ替えたり、新規のコマンドを追加することができる。よく使うものを順番に並べるなど、自分なりのレイアウトを探ってみるといいだろう。

↑プリセットから「Single Line」を選択してみたところ。プリセット名の通り、ツールバーを1行で表示することができる。なお、「Hide（Windows＝「Ctrl」＋「F11」、Mac＝「command」＋「F11」）を選択すると、メニューバーやパネルを隠すことも可能だ（プロジェクト上部をクリックすると再表示される）

NOTE⑬

ブラウザには、自分の希望のフォルダ（オーディオファイルなど）を後から追加することもできる（詳しくはP.51を参照）

NOTE⑭

インストールしたサードパーティー製のVSTプラグイン（音源やエフェクト）は、Plugin database（プラグインデータベース）の「Installed」から呼び出すことができる（詳しくはP.163参照）

■ブラウザ

　ブラウザは「All」、「Current Project」、「Plugin database」の3つの形式で表示することができる。アイコンをクリックすることで表示内容が切り替わる仕組みだ。 NOTE⑬ NOTE⑭

●All（オール）

●Current Project（現在のプロジェクト）

●Plugin database（プラグインデータベース）

↑ジェネレーター（音源）やエフェクトなど、プラグインに関する情報を表示する

↑現在使用中のプロジェクトに関する情報を表示する

➡各項目はフォルダ構造になっており、クリックするとデータが収納されている。画面は「Plugin presets」の中にある「Effects」→「Edison」のプリセットを表示した状態だ

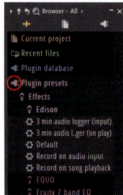

←FL Studioで使用できるすべての情報を表示する

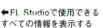

①**ブラウザオプション**：クリックするとプルダウンメニューが表示され、ブラウザ表示幅の変更やブラウザ内のファイルの並び順など、ブラウザに関する操作が行なえる

②**折り畳み**：ブラウザ内のフォルダを展開している場合に、フォルダを閉じることができる

③**読み直し**：新規のフォルダを追加したり、ファイル名を変更した場合に、ブラウザのリストを更新するためのボタン

④**サーチ**：クリックすると検索窓が表示され、ブラウザ内の情報を検索することができる

⑤**スナップショット**：クリックするとプルダウンメニューが表示され、ブラウザの状態を記憶することができる。自分好みの表示状態を素早く呼び出すために活用するものだ

⑥**最小化**：ブラウザの表示を最小化する

⑦**閉じる**：ブラウザの表示を閉じる

ブラウザ内のサブフォルダについて

※下記は「All」を選択した場合のものです。P.51でも紹介しているようにブラウザには任意のフォルダを後から追加することもできます。

- **Current Project**：現在使用中のプロジェクトに関する情報を格納
- **Recent files**：最近使用したファイルを格納
- **Plugin database**：プラグインを格納
- **Plugin presets**：プラグインのプリセットを格納
- **Channel presets**：チャンネルラック用のプリセットを格納
- **Mixer presets**：ミキサー用のプリセットを格納
- **Scores**：MIDIデータを格納
- **Backup**：自動バックアップで保存されたデータを格納
- **Clipboard files**：クリップボードから保存したデータを格納
- **Demo projects**：FL Studio 20のデモソング（プロジェクト）のデータを格納
- **Envelopes**：MIDI設定で使うベロシティカーブを格納。SytrusやOgunで読み込める
- **IL shared data**：Content Library（ダウンロードマネージャ）経由でダウンロードしたファイルを格納
- **Impulses**：リバーブプラグイン「Fruity Convolver」で使用するデータを格納
- **Misc**：その他の雑多なファイルの置き場所
- **My Projects**：自身のプロジェクトを格納（自身のプロジェクトは、このフォルダ以外の場所に保存することもできる）
- **Packs**：FL Studio 20標準搭載のサンプル素材を格納
- **Poject bones**：Project Bonesをエクスポートする際のデフォルトの保存先
- **Recorded**：「Edison」を介して録音されたデータを格納
- **Rendered**：レンダリングしたファイルの保存先
- **Sliced audio**：「Edison」や「Slicex」でスライスされたデータを格納
- **Soundfonts**：「Soundfonts」フォーマットのデータを格納
- **Speech**：Speech Synthesizer用のテキストデータを格納
- **Templates**：プロジェクトのテンプレートを格納

> **NOTE ⑮**
> 希望のチャンネルを選択し（Shiftキーを押しながら⑫のチャンネルセレクターをクリックすると複数のチャンネルを選択可能）、「チャンネルオプション」から「Group selected…」を選ぶと新規のグループを作成することができる。なお、「ALL」を選択すると全チャンネルを、「Unsorted」を選択するとまだグループに割り当てられていないチャンネルだけが表示される

> **NOTE ⑯**
> チャンネルラックでは「パターンパネル（P.17参照）」で選択したパターンが再生される仕組みだ

> **NOTE ⑰**
> チャンネルボタンを右クリックすると、プルダウンメニューから「Rename / color（チャンネル名やカラーの変更）」、「Replace（違うモデルへの差し替え）」などが行なえる。また、チャンネルオプションメニューの「Sort by」を使うと、色／名前／トラックナンバーで表示順をソート（並び替える）することもできる

> **NOTE ⑱**
> チャンネル名が長くて表示できないない場合は、下記（赤囲み）を左右にドラッグするとリサイズ可能だ

> **NOTE ⑲**
> チャンネルボタンを右クリックし「Piano roll」を選択すると、ピアノロールでの入力／編集が行なえる

■チャンネルラック

チャンネルラックでは、希望の音源を追加して、ステップシーケンサーやピアノロールでパターンを組むことができる。バージョン20では、グラフエディターを併用して、チャンネルラック内でベロシティなどが調整できるのも特徴だ（下記⑤を参照）

①**チャンネルオプション**：クリックするとプルダウンメニューが表示され、選択したチャンネルの複製、削除、グループ化、移動などが行なえる

②**チャンネルディスプレイフィルタ**：クリックするとプルダウンメニューが表示され、チャンネルに表示するグループが切り替えられる。右クリックメニューの「Add Filter group」を使うと、「Drum」や「Synth」といった自分好みのグループを作成することもできる **NOTE ⑮**

③**パターンの再生／停止**：パターンを再生、停止する **NOTE ⑯**

④**メインスウィング**：右にスライドすると、ステップシーケンサー内のノートが3連符のタイミングに近づき「スウィング」した感じになる

⑤**グラフエディター**：クリックすると選択したチャンネルのノート、ベロシティ、リリースベロシティ、ピッチ、パンなどの情報を表示／編集することができる

⑥**ステップ／ピアノロールオーバービュー**：ステップシーケンサーとピアノロールオーバービューを切り替えるスイッチ。ピアノロールオーバービューは、ピアノロールを表示しなくてもノートの状況を確認できるのが特徴だ

Chapter 1 FL Studioの使い方

⑦**ミュート／ソロ**：ミュートやソロ状態にするためのスイッチ。スイッチを右クリックするとプルダウンメニューが表示され、「Solo」を選ぶとソロ状態にできる（再度、「Solo」のチェックを外すとソロ状態を解除できる）

⑧**チャンネルパン**：チャンネルのパンを設定するツマミ

⑨**チャンネルボリューム**：チャンネルの音量を設定するツマミ

⑩**ターゲットミキサートラック**：選択したチャンネルをミキサー（インサートトラック）にルーティング（割り当てる）するエリア。各チャンネルはデフォルトでは「---」（マスタートラック）となっており、上下にドラッグするとインサートトラックの番号が指定できる

⑪**チャンネルボタン**：チャンネル名が表示されたボタン。クリックするとチャンネル設定ウィンドウが表示され、細かいサウンドの設定が行なえる **NOTE⑰** **NOTE⑱**

⑫**チャンネルセレクター**：選択されているチャンネルを示すもの

⑬**ステップシーケンサー**：各ステップをオン／オフすることで、リズムパターンなどを構築可能なシーケンサー（16分音符形式）

⑭**ピアノロールプレビュー**：ピアノロール形式のビュー **NOTE⑲**

⑮**チャンネルプラグインを追加**：ジェネレーター（音源）を追加するためのボタン。クリックするとプルダウンメニューが表示され、希望のモデルを選択できる

 選択したチャンネルボタンをコンパクトに表示する

●折り畳む前の状態

チャンネルセレクターで選択したチャンネルボタンは、Windows＝「Alt」+「Z」、Mac＝「option」+「Z」で折り畳むことができる（Windows＝「Alt」+「U」、Mac＝「option」+「U」ですべて元に戻る）。表示をコンパクトにしたい場合に覚えておきたいショートカットだ。

●折り畳んだ後の状態

23

ステップシーケンサーの長さを変更するには!?

　チャンネルラックのステップシーケンサーはデフォルトでは1小節だが、ラックの右端を広げるようにドラッグすれば最大4小節まで長さを変更できる。また、チャンネルラックで4小節以上のパターンを作成したい場合はピアノロールを活用すればいい。

※ステップシーケンサーとピアノロールを併用した場合、ステップシーケンサーのフレーズは最大4小節までしかパターンに反映されません。

●ステップシーケンサーの長さを4小節にしてみた状態

●ピアノロールを使って4小節以上のフレーズを作成してみた状態

24

Chapter 1
FL Studioの使い方

■チャンネルセッティング

　チャンネルボタンをクリックすると、オーディオサンプルやジェネレーター（音源）など、そのチャンネルに沿った「チャンネルセッティング」が表示される。「チャンネルセッティング」の上部には「Sample Settings（サンプル設定）」、「Envelope／instrument settings（エンベロープ／インストゥルメント設定）」、「Miscellaneous functions（その他の設定）」といったタブが並び、さらに細かくサウンドを編集できるのが特徴だ。
NOTE 20　NOTE 21

●オーディオの場合

●サンプル設定

●エンベロープ／
　インストゥルメント設定

●その他の設定

●ジェネレーター（音源）の場合

●プラグインエディター

●サンプル設定

●エンベロープ／
　インストゥルメント設定

（画像省略）

●その他の設定

NOTE 20

ジェネレーターはデフォルトの状態だと各種設定画面のアイコンが表示されていない。設定画面は下の「歯車のマーク（Detailed setting）」をクリックすると表示される

NOTE 21

サンプル設定の上部にある「Precomputed effects」をクリックすると、サウンドをブーストしたり、リングモジュレーションやリバーブなどを加えることができる。特に「BOOST」ツマミは強力で、ヒップホップやFuture Bass系のトラックで耳にすることの多い超重低音のキックを簡単に作り出すことが可能だ

25

■ピアノロール

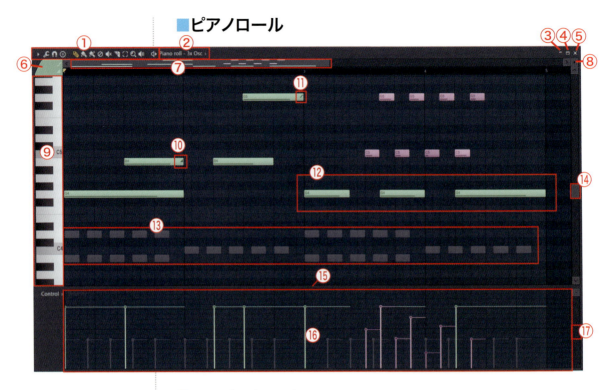

NOTE 22

「Line」と「Cell」の違いは、ノートを入力した位置で考えるとわかりやすい。「Cell」の場合は、セルの範囲（グリッドラインとグリッドラインの間）のどこをクリックしてもその範囲内にデータが入力されるのに対して、「Line」の場合は近くのグリッドラインを検知して、そのグリッドライン先頭にデータが入力される

NOTE 23

「イベント」のモードは、画面内にたくさんのノートがあってぶつかり合うような場合に有効だ。ゴーストノートにも有効で、色を変化させて区別することもできる

① メニュー／ツールバーアイコン

ⓐ **ピアノロールオプション**：クリックするとプルダウンメニューが表示され、MIDIファイルの読み込みや書き出し、ノートのグループ化などが行なえる

ⓑ **ツールス**：クリックするとプルダウンメニューが表示され、リフを生成するための「Riff machine」を呼び出したり、クオンタイズ、アルペジオなどの設定／操作が行なえる

ⓒ **スナップメニュー**：クリックするとプルダウンメニューが表示され、ピアノロール上でのノートの入力／移動の単位が決められる。詳細は下記の通りだ NOTE 22

- Main：グローバルスナップセレクターで設定したスナップ値を使用（P.17参照）
- Line：最も近いグリッドライン
- Cell：セルの先頭
- (none)：移動の制限がなくなる
- 1/6 step：1ステップを6で割った値
- 1/4 step：1ステップを4で割った値
- 1/3 step：1ステップを3で割った値
- 1/2 step：1ステップを2で割った値
- Step：1ステップ単位（デフォルトだと16分音符）
- 1/6 beat：1ビートを6で割った値
- 1/4 beat：1ビートを4で割った値
- 1/3 beat：1ビートを3で割った値
- 1/2 beat：1ビートを2で割った値
- Beat：1ビート単位（デフォルトだと4分音符）
- Bar：1小節
- Events：イベントでスナップ NOTE 23
- Markers：マーカーでスナップ

ⓓ **スタンプ**：クリックするとプルダウンメニューが表示され、指定したコードやスケールなどを入力できる

ⓔ **ドロー**：ノートの入力、長さ変更などが行なえる NOTE 24

Chapter 1 FL Studioの使い方

ⓕ **モノペイント**：ドラッグすることで、連続したノートの入力が行なえる。ポリペイントとは違い、上下にドラッグすると音程の変更が可能 NOTE24

ⓖ **ポリペイント**：ドラムの入力に最適なモード。ドラッグすることで、連続したノートの入力が行なえる（音程は一定）。入力したデータをクリックするとミュート状態にできる

ⓗ **消去**：入力されたノートを削除する

ⓘ **ミュート**：入力されたノートをミュート状態にする

ⓙ **スライス**：入力されたノートを分割する

ⓚ **選択**：ノートを選択することができる。ドラッグ操作で広範囲のノートを選択可能だ

ⓛ **ズーム**：ノートを拡大表示させる

ⓜ **再生（スクラブ）**：ノートをスクラブ再生させる

ⓝ **再生／一時停止**：再生と一時停止を行なう

② **ターゲットチャンネル**：現在のパターンのチャンネルを表示するエリア。クリックするとプルダウンメニューから希望のチャンネルを選択することもできる

③ **最小化**：ピアノロール画面の表示を最小化する

④ **最大化／復元**：ピアノロール画面を最大化／復元する

⑤ **閉じる**：ピアノロール画面を閉じる

⑥ **ノートカラー／ポルタメント／スライド**：色の変更、ポルタメントの有無、スライドの有無を設定するところ。ここで設定した内容でノートが入力される

⑦ **水平ズーム／スクロール**：バーの端を外側／内側にドラッグすると水平方向への拡大と縮小。バーを直接左右に動かすとスクロールとして機能する

⑧ **垂直ズーム**：マウスで上下することで、ピアノロール（鍵盤）の上下幅を拡大／縮小できる

⑨ **プレビューキーボード**：鍵盤をクリックすると音を試聴することができる NOTE25

⑩ **ノート（スライド）**：スライドとは「ノートのピッチを別のピッチに徐々に変える」ことだ。スライドが設定されたノートに向かって、音程が変更されていくことになる

⑪ **ノート（ポルタメント）**：ポルタメントとは「滑らかに別の音程に移動する」奏法のことだ。ノートから次のノートに移るときのみに有効で、設定されたノートには素早いスライドがかかる

⑫ **ノート**：音符データのこと（赤く囲っていない部分も含む）

⑬ **ゴーストチャンネルノート**：同じパターン内の別のチャンネルのノート NOTE26

⑭ **垂直スクロール**：ピアノロールを上下にスクロールするためのバー

⑮ **サイズ変更**：クリックしながらドラッグすると画面のサイズを変更することができる

⑯ **イベントエディタ**：ノートのパン、ベロシティ値などを表示するエリア

⑰ **エディタズーム**：マウスで上下することで、イベントエディタの領域を拡大／縮小できる

NOTE 24
ノートの端をドラッグすると長さを変更でき、入力したノートを右クリックすると削除となる。なお、ドローやモノペイントは最後に設定した音の長さが適用される仕組みだ

NOTE 25
ピアノロールのオプションメニュー「Helpers」→「Scale highlighting」を利用すると、任意の鍵盤をハイライト表示させることができる。下はスケールを「Major」、ルートに「D」を選択してみた状態

NOTE 26
別のチャンネルへは、②ターゲットチャンネルのプルダウンメニューから表示を切り替えることができる。なお、ピアノロールのオプションメニュー「Helpers」→「Ghost channels」でゴーストノートの表示を有効にするか、無効にするかの設定も可能だ

■プレイリスト

①**メニュー／ツールバーアイコン**

ⓐ**プレイリストオプション**：クリックするとプルダウンメニューが表示され、プレイリスト上のパターンの複製や移動、グループ化などが行なえる

ⓑ**スナップメニュー**：クリックするとプルダウンメニューが表示され、プレイリスト上でのパターンの入力／移動の単位が決められる。詳細は下記の通りだ

・Main：グローバルスナップセレクターで設定したスナップ値を使用（P.17参照）	・Step：1ステップ単位（デフォルトだと16分音符）
・Line：最も近いグリッドライン	・1/6 beat：1ビートを6で割った値
・Cell：セルの先頭	・1/4 beat：1ビートを4で割った値
・(none)：移動の制限がなくなる	・1/3 beat：1ビートを3で割った値
・1/6 step：1ステップを6で割った値	・1/2 beat：1ビートを2で割った値
・1/4 step：1ステップを4で割った値	・Beat：1ビート単位（デフォルトだと4分音符）
・1/3 step：1ステップを3で割った値	・Bar：1小節
・1/2 step：1ステップを2で割った値	・Events：イベントでスナップ
	・Markers：マーカーでスナップ

ⓒ**ドロー**：パターンの入力、長さ変更などが行なえる

ⓓ**ペイント**：ドラッグすることで、連続したパターンの入力が行なえる

ⓔ**消去**：パターンを削除する

ⓕ**ミュート**：パターンを無音状態にする

ⓖ**スリップ**：パターンの位置を固定したまま、中身のノートデータを移動する

28

Chapter 1 FL Studioの使い方

ⓗ **スライス**：パターンを分割する

ⓘ **選択**：パターンを選択する

ⓙ **ズーム**：パターンを拡大／縮小表示する

ⓚ **再生（スクラブ）**：パターンをスクラブ再生する

ⓛ **再生／一時停止**：パターンを再生、一時停止する

② **アレンジメント選択メニュー**：作成中のプレイリストを別のアレンジとして複製、呼び出すためのメニュー NOTE㉗

③ **クリップ選択メニュー**：クリックするとプルダウンメニューが表示され、使用可能なクリップを選択できる

④ **最小化**：プレイリスト画面の表示を最小化する

⑤ **最大化／復元**：プレイリスト画面を最大化／復元する

⑥ **閉じる**：プレイリスト画面を閉じる

⑦ **ピッカー（パターン／オーディオクリップ／オートメーションクリップ）**：プレイリストで使用可能なクリップが並ぶエリア。プレイリストオプションのメニューにある「Picker panel」→「Sort」から並び順をソート（名前順、色順、ミキサートラックナンバー順）することも可能

⑧ **クリップタイプのフォーカス（オーディオ／オートメーション／パターン）**：同じトラック上でオーディオやパターンのクリップが重なり合っている場合に、どのクリップを前面に出して編集するかを決めるエリア。それぞれのタイプの下に編集モードも用意されている

⑨ **水平ズーム／スクロール**：バーの端を外側／内側にドラッグすると水平方向への拡大と縮小。バーを直接左右に動かすとスクロールとして機能する

⑩ **マーカー／拍子／範囲ループ**：マーカー、拍子、ループ範囲を設定するエリア NOTE㉘

⑪ **プレイポジションマーカー**：現在の再生位置を表示する

⑫ **垂直方向の選択**：ループ再生やオーディオの書き出しをする際の範囲。小節数の書かれているエリアを右クリックしながらドラッグすると指定でき、選択範囲は赤く表示される

⑬ **トラックエリアの垂直ズーム**：マウスで上下することで、プレイリストのトラック（クリップ）の上下幅を拡大／縮小できる

⑭ **垂直スクロール**：プレイリストを上下にスクロールするためのバー

⑮ **トラックオプション／ラベル**：トラック名を表示するところ。右クリックするとプルダウンメニューが表示され、名称変更などが行なえる

⑯ **トラックミュート／ソロ**：トラックの音を消したり、ソロ状態にするスイッチ。ミュート／非ミュートは左クリック、トラックのソロ再生は右クリックで行なえる

⑰ **クリップトラック**：プレイリストでは、オーディオクリップ、オートメーションクリップ、パターンクリップ（ノート／イベント）を利用することができる

NOTE㉗

プルダウンメニューの「Clone...」を選択すると、プレイリストを別のアレンジメントとして複製することができる。また、「Rename...」で名称を変えたり、「Add one...」で真っ新なプレイリストの作成、複数のアレンジメントがある場合には「Merge with」で部分的に異なるセクションを合成して使うこともできる（詳しくはP.186を参照）

NOTE㉘

マーカーはWindows＝「Alt」＋「T」、Mac＝「option」＋「T」、または「プレイリストオプション」メニューの「Time markers」→「Add one」で追加でき、1つマーカーが作成されると右クリックからも追加が行なえる（詳しくはP.170を参照）

■ミキサー

NOTE 29
メーターウェーブビューをオンにすると、このように波形がミキサーに表示される

NOTE 30
ミキサーのレイアウトには「Compact」、「Compact 2」、「Compact alt」、「Wide」、「Wide 2」、「Wide 3」、「Wide alt」、「Extra large」の8パターンが用意されている

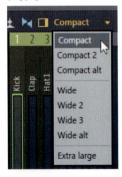

① ミキサーアイコン／レイアウト

ⓐ **ミキサーメニュー**：クリックするとプルダウンメニューが表示され、トラックの名称、グルーピングなどが設定できる

ⓑ **マルチタッチコントロール**：有効にすると、タブレットPCなどの画面に触れることでミキサーを操作できる

ⓒ **メーターウェーブビュー**：メータービューに波形を表示させる NOTE 29

ⓓ **エクストラボリューム／ステレオプロパティ**：ミキサー領域に「ステレオフリップ」、「フェーズ」、「ステレオセパレーション」を表示する

ⓔ **トラックインスペクタ**：ミキサー領域の右側に「トラックインスペクタ」を表示する

ⓕ **ミキサーレイアウト**：クリックするとプルダウンメニューが表示され、トラックの表示幅などが異なるレイアウトを選択できる NOTE 30

② **最小化**：ミキサー画面の表示を最小化する

③ **最大化／復元**：ミキサー画面を最大化／復元する

④ **閉じる**：ミキサー画面を閉じる

⑤ **ビッグパワーメーター**：選択しているミキサートラックの音量レベルを表示する

⑥ **マスタートラック**：最終的な出力レベルを調整するためのミキサートラック

⑦ **インサートトラック**：チャンネル用のミキサーインサートトラック（1～125）

⑧ **トラックインスペクタ**：選択したミキサートラックのルーティング、エフェクト、EQなどを設定することができる

インサートトラックの詳細

ⓐ **ミュート／ソロ**：クリックでミュートのオン／オフ、右クリックでソロ状態にすることができる

ⓑ **パンニング**：左右の音の配置（定位）を決めるツマミ

ⓒ **レベルフェーダー**：音量レベルを調整する

ⓓ **トラック遅延補正**：プラグインの処理などによる遅れを調整する。バージョン20からはプラグインの自動補正機能が装備されており、「Fruity Limiter」などのエフェクトをインサートスロットに呼び出すと、自動的に点灯して機能が有効になる

ⓔ **トラックレコーディングスイッチ**：オンにすると赤く点灯し、そのトラックが録音待機状態となる

ⓕ **フェーズ**：位相を逆転させる

ⓖ **ステレオフリップ**：ステレオチャンネルの左右を逆転させる

ⓗ **ステレオセパレーション**：左右のオーディオ信号を強調／減少するためのコントロール。右に回すとステレオの分離が減り（LとRの信号が足されてモノになっていく）、左に回すと分離が多くなる

ⓘ **FX有効／無効スイッチ**：FXスロットの全FX（プラグインエフェクト）の有効／無効を切り替える

ⓙ **トラックセンド**：選択中のミキサートラックの出力状況を表示するエリア。出力先として選択できるトラック（他のインサートトラックのトラックセンド）には「▲」が表示され、クリックすると出力が割り当てられる **NOTE㉛**

NOTE㉛

出力先となるミキサートラックの「▲」をクリックすると、センドノブが表示されて出力レベルを調整することができる。また右クリックメニューからはサイドチェイン用の信号（出力レベルが0の状態）を割り当てることも可能だ（詳しくはP.102を参照）

トラックインスペクタの詳細

ⓐ **外部ミキサー入力**：オーディオ録音の入力先（オーディオインターフェイスのインプット）を選択するところ

ⓑ **FXスロット**：プラグインエフェクトを読み込むためのスロット。最大10個まで使用できる

ⓒ **ミックスレベル**：エフェクトの掛かり具合を調整する

ⓓ **ミュート／ソロ**：クリックするとエフェクトのオン／オフ（解除／ミュート状態）、右クリックすると指定したエフェクトをソロ状態にできる

ⓔ **パラメトリックEQ**：音質を調整するためのイコライザー。ドラッグ操作でセンター周波数やゲインを変更可能だ

ⓕ **トラック遅延補正**：プラグインの処理などによる遅れを調整する

ⓖ **外部ミキサー出力**：オーディオの出力先（オーディオインターフェイスのアウトプット）を選択するところ

NOTE 32

トラックの遅延とは、エフェクトを通すことによって音が微妙に遅れて再生されてしまう現象のことを意味している。前述した通り、FL Studio 20ではこの問題を解決するために、プラグインの自動補正機能が新たに搭載されており、「Fruity Limiter」などのエフェクトをインサートスロットに呼び出すと、自動的に点灯して機能が有効になる

トラック遅延補正について NOTE 32

トラック遅延補正のボタンをクリックすると5種類から補正方法が選択できる。詳しくは下記の通りだ。なお「Set in ms」などは、選択すると入力用のボックスが表示される。

・**Reset**：遅延補正を「none」の状態にリセットする
・**Set in ms**：遅延補正をミリセコンドで調整する
・**Set in samples**：遅延補正をサンプル数で調整する
・**Set in beats**：遅延補正をビート（拍）で表示する
・**Set from**：プラグインによってレイテンシー（遅延）が起こっているトラックを表示する。手動で調整することなく自動的にそのトラックに現在の遅延の値を適合するのが特徴だ

CHAPTER 2 インストール&セットアップ

FL Studio 20をインストールする
（Windows編）

CHAPTER 2

「FL Studio 20」は1つのライセンスでWindows／Macの両プラットフォームで使用できるが、インストーラーは別々に用意されている。まずは、Windowsでのインストール方法とレジストリー（登録してデモモードを解除する）の手順を紹介していこう。 NOTE①

NOTE①
国内代理店のフックアップから「FL STUDIO 20」を購入した場合、パッケージ内にインストール用のUSBメモリが同梱されています。インストールやレジストリーの手順は、ここで紹介している内容と大筋で同じです。詳しくは同梱のインストール案内を参照してください

←まずは、Image-Line（イメージ・ライン）のサイトにアクセスして、Downloadのメニューから「FL Studio 20」のインストーラーをダウンロードしよう。サイトでは、画面のようにWindowsとMacそれぞれにインストーラーが用意されている。Windowsは画面上の方からダウンロード可能だ

↑インストーラーがダウンロードされたら、ダブルクリックしてインストールを開始しよう

←「Welcome to the FL Studio 20 Setup Wizard」が表示されるので、「Next」を押す

↑ライセンスに関する文言が表示される。内容を確認して「I Agree」をクリックしよう

←「User information」が表示される。ここでは「All users」を選んで「Next」を押す

34

Chapter 2
インストール&セットアップ

← するとインストールする内容が表示される。基本的には、表示されたままの状態で「Next」ボタンを押せばOKだ

← 続いて「FL Studio 20」をインストールするフォルダを設定する画面が表示される。こちらも表示された状態で「Next」ボタンを押せばいいだろう

↑ 次に32ビット版のVSTプラグインが収納されているフォルダを指定する。サードパーティー製の32ビットプラグインを使っている人は、「Browse」ボタンを押してそのフォルダを指定しよう。よくわからない人は、表示されたままの状態で「Next」を押せばいい **NOTE②**

NOTE②
「FL Studio 20」では、ここで指定した「32ビット版のVSTプラグイン」、「64ビット版のVSTプラグイン」のフォルダ以外にもVSTプラグインを管理するためのフォルダが追加できる。詳しくはP.162を参照

↑ 今度は64ビット版のVSTプラグインが収納されているフォルダを指定する。サードパーティー製の64ビットプラグインを使っている人は、「Browse」ボタンを押してそのフォルダを指定しよう。こちらも、よくわからない人はそのまま「Next」を押せばいい **NOTE②**

↑ 確認画面が表示される。「Install」をクリックするとインストールが開始される

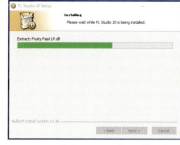

↑ インストール中は、緑のバーで進行具合が確認できる

← 続いて、「ASIO4ALL」のインストール画面が表示されるので、「Next」を押そう **NOTE③**

NOTE③
「ASIO4ALL」とは、パソコンに標準装備されているオーディオ装置を使う際に、そのデバイスをASIOドライバとして認識・作動させるためのドライバのことだ。なお、オーディオインターフェイスの詳しいセットアップ方法はP.44も参照してほしい

←するとライセンスに関する文言が表示される。内容を確認して「I Agree」をクリックしよう

↑確認画面が表示されるので「Next」を押す

↑「ASIO4ALL」をインストールするフォルダを設定する画面が表示される。「Install」ボタンを押してインストールを進めよう

↑「ASIO4ALL」のインストールが終了すると、上画面が表示される。「Finish」を押そう

NOTE 4

「Important」には、バージョン20をフルバージョンとして使用する場合、イメージ・ラインのサイトにログインして、ユーザー管理画面から「レジストリファイル」をダウンロードしてくださいという主旨のことが書かれている。この「レジストリファイル」をダウンロードしないと、「FL Studio 20」をデモバージョンで使用することになる

←続いて、「Important」という画面が表示される。ここで「Next」を押すと、次のページの「FL Studio Mobile」のインストール画面へと進み、「FL Studio 20」のインストールは完了するが、FL Studio 20の製品登録を行なっていないため、FL Studio 20をデモモードで利用することになる。今回は、インストールの段階で製品登録を行なうために、「Image-Line user profile」をクリックしよう
NOTE 4

Chapter 2
インストール&セットアップ

↑初めてImage-Lineにユーザー登録する人は、新規にアカウントを作成（メールとパスワードを登録）し、MY ACCOUNTの「REGISTER MY SERIALS」からFL Studio 20のシリアル番号を入力して製品登録を行なおう

↑製品登録ができたら「UNLOCK PRODUCTS」のタブに切り替えて、「Unlock ALL your products on WINDOWS」から「this link」をクリックする。すると、「FLRegkey（レジストリファイル）」がダウンロードされる

←「FLRegkey（レジストリファイル）」がダウンロードされたらダブルクリックしよう。警告画面が表示された場合は内容を確認して、「はい」を押す

↑「レジストリにキーと値が追加されました」という確認画面が表示される。これで、「FL Studio 20」のデモモードが解除され、フルバージョンとして使用できる

↑「Important」画面に戻って「Next」を押す

↑「FL Studio Mobile」に関する情報が表示される。確認できたら「Next」ボタンを押そう

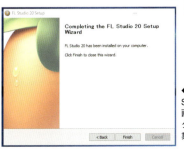

←最後に「Completing the FL Studio 20 Setup Wizard」の画面が表示される。「Finish」ボタンを押せばインストール作業は完了だ NOTE⑤

NOTE⑤
ここではインストール時にイメージ・ラインのサイトから「FLRegkey（レジストリファイル）」をダウンロードする手順を紹介したが、「FL Studio 20」を起動後、「FL Studio 20」の「HELP」メニューからデモモードを解除する方法もある

37

CHAPTER 2

FL Studio 20をインストールする
（Mac編）

1つのライセンスでWindows／Macの両プラットフォームで使用できる「FL Studio 20」。次にMac環境でのインストール方法とレジストリー（登録してデモモードを解除する）の手順を紹介していこう。 NOTE①

NOTE ①

国内代理店のフックアップから「FL STUDIO 20」を購入した場合、パッケージ内にインストール用のUSBメモリが同梱されています。インストールやレジストリーの手順は、ここで紹介している内容と大筋で同じです。詳しくは同梱のインストール案内を参照してください

←まずは、Image-Line（イメージ・ライン）のサイトにアクセスして、Downloadのメニューから「FL Studio 20」のインストーラーをダウンロードしよう。サイトでは、画面のようにWindowsとMacそれぞれにインストーラーが用意されている。Macは画面下の方からダウンロード可能だ

↑インストーラーがダウンロードされたら、ダブルクリックしてインストーラーを解凍しよう

↑「Install FL Studio.pkg」をダブルクリックするとインストールが開始される

↑「このパッケージは、ソフトウェアをインストールできるかどうかを判断するプログラムを実行します。」のダイアログが表示されるので、「続ける」をクリックする

←すると「ようこそFL Studioインストーラへ」のダイアログが表示される。「続ける」を押して作業を進めよう

→「Macintosh HDに標準インストール」のダイアログが表示され、コンピュータに必要なHDDの空き容量が表示される。インストール先を変更したい場合は「インストール先を変更…」をクリックし、そのままMac標準のHDDにインストールする場合は「インストール」を押せばいい

←インストールを許可するために、ユーザー名とパスワード（Macを購入して、最初にAppleにユーザー登録した際の情報）を入力して「ソフトウェアをインストール」ボタンを押す

→「ソフトウェアをインストール」ボタンを押すとインストールが開始される

←「インストールが完了しました」の画面が表示されたらインストールは完了だ。ただし、FL Studio 20の製品登録を行なっていないため、FL Studio 20をデモモードで利用することになる（デモモードを解除する方法は次のページを参照）

↑初めてImage-Lineにユーザー登録する人は、新規にアカウントを作成（メールとパスワードを登録）し、MY ACCOUNTの「REGISTER MY SERIALS」からFL Studio 20のシリアル番号を入力して製品登録を行なおう

➡製品登録ができたら「UNLOCK PRODUCTS」のタブに切り替えて、「Unlock ALL your products on Mac (OS X)」から「this link」をクリックする。すると、「FLRegkey（レジストリファイル）」がダウンロードされる

➡右がダウンロードされた「FLRegkey（レジストリファイル）」

NOTE 1

「Image-Line」というフォルダがない場合には、自分でフォルダを作成し、その中で「FLRegkey（レジストリファイル）」を入れればいい

➡Macの場合、ダウンロードした「FLRegkey（レジストリファイル）」を「Macintosh HD」の中の「ライブラリ」→「Preference」→「Image-Line」フォルダの中に入れると、「FL Studio 20」のデモモードが解除され、フルバージョンとして使用できる NOTE 1

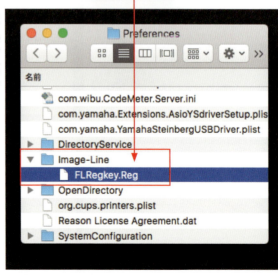

Chapter 2 インストール&セットアップ

FL STUDIO 20 BOOK

新規プロジェクトの起動
（デモ曲を聴いてみる）

「FL Studio 20」がインストールできたら、早速ソフトを起動してみよう。「FL Studio 20」には様々なクリエイターが作成したデモ曲が用意されている。ここではデモ曲を聴く方法や、新規プロジェクトをテンプレートから起動する方法、プロジェクトの保存方法などを順番に解説していこう。

←「FL Studio 20」がインストールされると、Windowsの場合はデスクトップ、Macの場合はアプリケーションフォルダの中に64ビット版の「FL Studio 20（アイコン）」が表示される。このアイコンをダブルクリックしてソフトを起動しよう **NOTE①**

NOTE①
Windowsでは、32ビット版の「FL Studio」を「Program Files（×86）」→「Image-Line」→「FL Studio 20」の中から起動することができるが、Macの場合は32ビット版はなく、64ビット版のみとなっている

●デモ曲を聴いてみる

↑「FL Studio 20」は初回の起動時に自動的にデモ曲が立ち上がる仕組みだ。まずは再生ボタンを押して楽曲を聴いてみよう。なお、オーディオインターフェイスを介してサウンドを再生したい場合は、P.44の「オーディオインターフェイスのセットアップ」を行なう必要がある

←別のデモ曲を聴いてみたいときは、「FILE」メニューから「Open」をクリックする

41

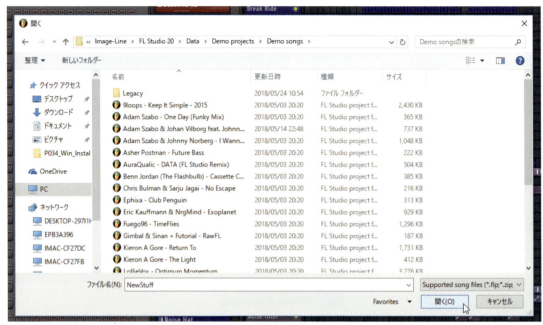

↑「Demo Projects」→「Demo songs」フォルダの中に、様々なデモ曲が用意されている。リストから希望の曲を選択し、「開く」を押すとデモ曲を聴くことができる

● 新規プロジェクトを起動する

↑新規のプロジェクトを起動する場合は、「FILE」メニューから「New」または「New from templete」を選択しよう。画面は「New from templete」から「Minimal」→「Basic with limiter」を選択したところ NOTE②

NOTE②
テンプレートには「Basic with limiter」以外にも、キックやベースがあらかじめ設定された「EDM」や「Dubstep」、真っ新な状態の「Empty」などが用意されている

42

Chapter 2
インストール&セットアップ

↑「Basic with limiter」を選択すると、チャンネルラックに「Kick」、「Clap」、「Hat」、「Snare」、マスタートラックに「Fruity Limiter」が設定されたプロジェクトが起動する NOTE③

●プロジェクトを保存する

←作業した内容を保存したいときは「FILE」メニューから「Save」を押せばいい

↓「Save」を押すと、保存場所のダイアログが表示されるので、デスクトップなどを指定して、ファイル名を付けて保存すればいい NOTE④

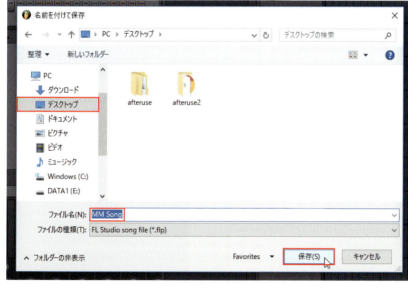

←プロジェクト上部の「×」、または「FILE」メニューから「Exit」を選択するとプロジェクトを閉じることができる

➡作業を再開したいときは、保存されたプロジェクトのアイコンをダブルクリックすればいい

NOTE③

「FL Studio 20」は、前回起動したときのテンプレートを記憶してくれるのが特徴だ。「FILE」メニューから「New」を実行すると、そのテンプレートを使ったプロジェクトが起動される

NOTE④

ファイル名を付けて保存したプロジェクトを別名で保存したいときは「Save as…」、プロジェクトのバリエーションを保存したいときは「Save new version」を選択すればいい。ちなみに「Save new version」を選択した場合、実行するたびに「ファイル名+_2」、「ファイル名+_3」といった具合にプロジェクトが保存される

43

FL STUDIO 20 BOOK

CHAPTER 2
オーディオインターフェイスを使って音を鳴らす

「FL Studio 20」は、ノートPCなどに標準装備されているオーディオ装置（ヘッドホン端子）で再生することもできるが、高音質な音でモニターするには、ASIOに対応したオーディオインターフェイスをオススメしたい。ここでは、スタインバーグ「UR22mkII」を例に、セットアップの方法を解説していこう。

➡まず始めに、使用するオーディオインターフェイスとパソコンをUSBケーブルで接続し、メーカーサイトなどからダウンロードした最新のドライバをインストールしておく

➡「OPTIONS」メニューから「Audio settings」をクリックする

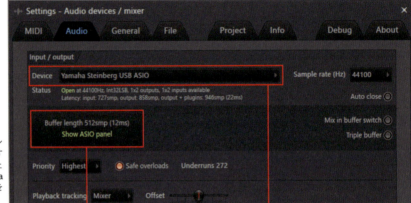

➡「Device」のプルダウンメニューから自分の使用するオーディオインターフェイス（ここでは「Yamaha Steinberg USB ASIO」）を指定する **NOTE①**

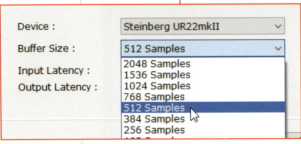

⬆「Show ASIO panel」では、バッファーサイズの調整が行なえる。数値を低くすると「レイテンシー（発音の遅れ）」がなくなるが、その分パソコンのCPU負荷が高くなる。通常は「512smp」程度に設定しておくといいだろう

NOTE①
「Device」のリストにある「FL Studio ASIO」は、イメージ・ラインの開発した独自のドライバだ。オーディオインターフェイスを使用しない際は、このドライバを選択するといいだろう

44

Chapter 2
インストール&セットアップ

FL STUDIO 20 BOOK

MIDIキーボードをセットアップする

音源（ジェネレーター）を演奏したり、音源やプラグインエフェクトのパラメーターを操作するにはMIDIキーボード／コントローラーがあると便利だ。オーディオインターフェイスのセットアップに続いて、MIDIキーボード／コントローラーのセットアップ手順も紹介しておこう。

← ここでは、nektar「IMPACT LX25+」を使ってみた。まず始めに「IMPACT LX25+」とパソコンをUSBケーブルで接続する。「IMPACT LX25+」はドライバのインストールが不要なのが特徴だ

←「OPTIONS」メニューから「MIDI settings」をクリックする

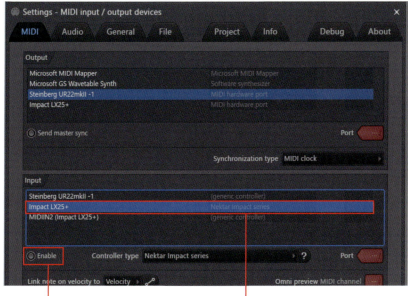

↑「Enable」のランプをクリックして点灯させると、MIDIキーボード／コントローラーとして使用できるようになる

↑「Input」の項目から自分の使うMIDIキーボード／コントローラー（ここでは「Impack LX25+」）を指定する

45

FL STUDIO 20 BOOK

CHAPTER 2 サードパーティー製の音源/エフェクトをインストールする

「FL Studio 20」では、reFX、Reveal Sound、Native Instrumentsといったサードパーティー製の音源やエフェクトを利用することができる。ここでは、Reveal Sound「Spire」を例に、インストール手順を紹介していこう(FL Studio起動後の操作はP.162参照)。

●Windowsの場合

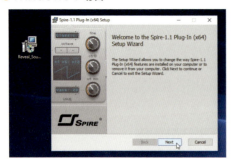
↑インストーラーの指示に従って「Next」をクリックする

↑Windowsの「Spire」の場合、「Program Files」→「VSTPlugins」がデフォルトのインストール先(フォルダ)となっている。このフォルダをFL Studioが認識することで、Spireが利用可能になる(FL Studio起動後のフォルダの登録・認識のさせ方はP.162を参照)

↑「Finish」を押せば、インストール作業は完了だ

●Macの場合

↑インストーラーの指示に従って「続ける」をクリックする

↑MacのVST用「Spire」の場合、「ライブラリ」→「Audio」→「Plug-Ins」→「VST」がデフォルトのインストール先(フォルダ)となっている。このフォルダをFL Studioが認識することで、Spireが利用可能になる(FL Studio起動後のフォルダの登録・認識のさせ方はP.162を参照)

↑最後に「閉じる」を押して、インストール作業は完了だ

※「Spire」は、レジストレーションファイルを登録することでデモモードが解除される仕組みだ。インストール後の手順についてはマニュアルを参照してほしい。

CHAPTER 3 FL Studioでの曲作りの大まかな流れ

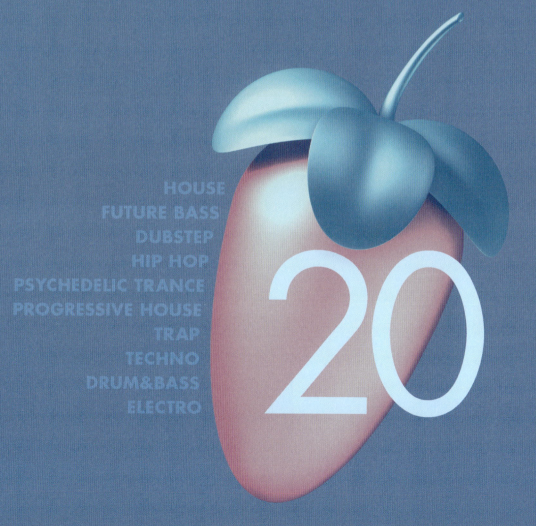

HOUSE
FUTURE BASS
DUBSTEP
HIP HOP
PSYCHEDELIC TRANCE
PROGRESSIVE HOUSE
TRAP
TECHNO
DRUM&BASS
ELECTRO

パターンを作成する その①
（ステップシーケンサー編）

CHAPTER 3

FL Studioでは、まず始めにチャンネルラックに読み込んだ音色を利用して、数小節単位の「パターン」を作成していくのが基本だ。ここではチャンネルラックに装備されている「ステップシーケンサー」を使って、リズムパターンを作る方法から解説していこう。

●リズムパターンを作る

NOTE ①
「File」メニューの「Empty」から楽曲を起動すると、真っ新な状態のプロジェクトを表示することができる。また、チャンネルラックはキーボードの「F6」キーでショートカット操作できる

NOTE ②
「Rename / color」は、「F2」キーでショートカット操作できる

↑画面はテンプレートの「Minimal」→「Basic with limiter」から新規プロジェクトを起動した状態だ。「Kick」、「Clap」、「Hat」、「Snare」が設定されたチャンネルラックが表示される **NOTE ①**

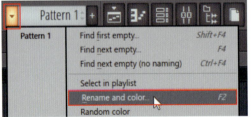

↑まず最初にこれから作成するパターンの名称を決めよう。「Pattern 1」と書かれた「▼」メニューから「Rename / color」を選択し、ここでは「Drum1」としてみた **NOTE ②**

NOTE ③

FL Studioでは、パターンとプレイリストのどちらを再生するか、「パターン／ソングモード」で指定する仕組みだ。パターンを再生する場合は、必ず「パターンモード（ボタンが点灯している状態）」にしておく必要がある。なお、この「パターンモード」と「ソングモード」の切り替えは、キーボードの「L」キーでもショートカット操作できる

➡各ステップは16分音符となっており、マウスのクリック操作でリズムパターンが作成できる。まずは4つ打ちのキックを設定してみよう。作成したパターンは、「再生」ボタンまたはパソコンの「スペースキー」で再生できる。楽曲のBPMは「テンポ」欄で設定可能だ **NOTE ③**

48

Chapter 3
FL Studioでの曲作りの大まかな流れ

↑➡続いて、2つ目のパターンを作成してみよう。「Drum1」の右にある「＋」ボタンを押すと新規パターンが作成できる。今度は「Drum2」という名称にしてみた

↑➡パターンはチャンネルラックの右端をドラッグすると、画面のように長さを変更できる（最大4小節まで）。ここではkickとClapの2小節のリズムパターンを作成してみよう

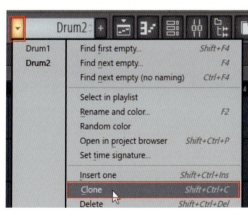

←↓作成したパターンは「▼」メニューの「Clone」で複製できる。なお、複製されたパターンは、「Drum2#2」といった具合に「#」が付くのが特徴。もちろん、「Rename / color」で後から自分の好きな名称に変更してもOKだ **NOTE ④**

NOTE ④
「Clone」でのパターンの複製は、Windows＝「Shift」＋「Ctrl」＋「C」、Mac＝「Shift」＋「command」＋「C」でも行なえる

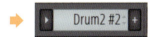

↑パターンの複製を活用すると、画面のように素早くフレーズのバリエーションを作ることができる

49

● 音色をブラウザから読み込んでパターンを作る

↑今度はブラウザから自分の好きな音色を読み込んでリズムパターンを作成してみよう。まずは「+」ボタンで新規のパターンを作成する

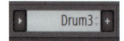

NOTE ⑤
画面では「909 Crash」をチャンネルラックの最下段に追加しているが、ファイルをドラッグする位置によっては音色を割り込ませて表示することもできる

↑→ブラウザを表示させたら、チャンネルラックに希望の音色をドラッグする。ここでは、FL Studio付属の音ネタ集「Packs」からシンバルの音「909 Crash」を追加してみた **NOTE ⑤**

↑新規に読み込んだチャンネルは、最初はミキサーの「---（マスタートラック）」に割り当てられている。「---」の部分を上下することで、任意のミキサートラックへのルーティング（割り当て）が変更可能だ

↑→すでに登録されている音色にファイルをドラッグすれば、音色を差し替えることもできる。画面は「Kick」を「909 Kick」に差し替えてみた状態

Chapter 3
FL Studioでの曲作りの大まかな流れ

自分で作成した「フォルダ（オーディオサンプル）」をブラウザに登録するには!?

　FL Studioでは、市販のサンプリング素材などを収録した「フォルダ」をブラウザに登録して使うこともできる。フォルダを登録するには、「OPTIONS」メニューから「File settings」をクリックし、「Browser extra search folders」から希望のフォルダを指定するだけだ。

↑「OPTIONS」メニューから「File settings」をクリックする

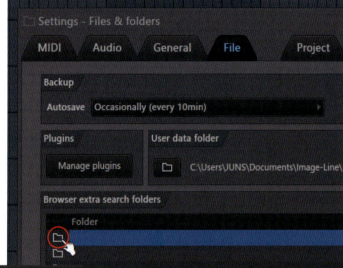

↑「Browser extra search folders」のフォルダのアイコンをクリックし、自分の登録したいフォルダを指定する

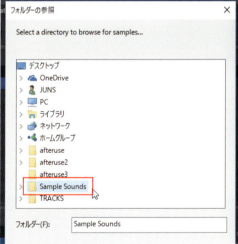

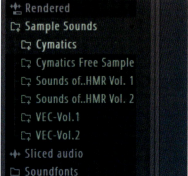

↑ここではあらかじめデスクトップに置いておいた「Sample Sounds」というフォルダを登録してみた（上記はWindows環境の例だが、Mac環境も同様の手順でフォルダを追加できる）

➡すると、ブラウザから「Sample Sounds」の中身が使用できるようになる

51

 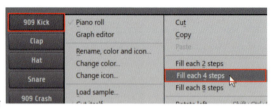

↑➡「Kick」のチャンネルを右クリックして、プルダウンメニューから「Fill each 4 steps」を選択する

↑すると、すぐに4つ打ちキックを入力することができる

↑➡同様に、任意のチャンネル（ここでは「Hat」を選択）を右クリックして「Fill each 2 steps」を選択してみよう

↑「Hat」を8ビートにすることができる

Chapter 3
FL Studioでの曲作りの大まかな流れ

パターンを作成する その②
（ピアノロール編）

チャンネルラックでは、「ステップシーケンサー」だけではなく「ピアノロール」を使ってパターンを作成することもできる。ここでは「マウス入力」、「MIDIキーボードを使ったステップ入力」、「MIDIキーボードによるリアルタイム入力」の3つの入力方法を順番に解説していこう。

● マウスでフレーズを入力する

↑まずは新規のパターンを作成する。今回は「Melody」というパターンを作ってみよう

↑続いて、使用する音源を読み込んでいこう。チャンネルラックの「＋」ボタンを押すとプラグインのリストが表示される。ここでは「FL Keys」を選択してみた

↑するとチャンネルラックに「FL Keys」が読み込まれる。音源を新規に読み込んだ場合、ミキサーのトラックナンバーは「---」（マスタートラック）に設定されているが、任意のトラック番号へと変更しても構わない。ここでは、「6」にしてみよう

53

NOTE ①

「ステップ／ピアノロールオーバービュー」で「ピアノロールオーバービュー」を選択している場合、任意のチャンネルエリアをクリックすると「ピアノロール」が表示される

←「FL Keys」を右クリックして「Piano roll」を選択するか、キーボードの「F7」キーを押すと「ピアノロール」が表示される **NOTE ①**

←スクロールバーの端をドラッグすると、表示する小節範囲の拡大率を変更できる **NOTE ②**

→「Change note size」にカーソルを合わせ、マウスで上下すると鍵盤の表示幅を変更可能だ

NOTE ②

「→」または「←」キーでもスクロールすることができる

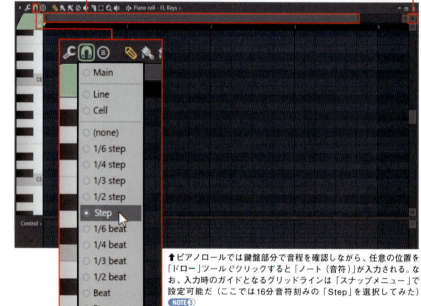

NOTE ③

FL Studioのピアノロールは、最後に入力または選択したノートの長さを引き継ぐ仕様になっている。音符の長さを変更する際に、同じ長さのノートをクリックしてから新規のノートを入力する手もありだ

↑ピアノロールでは鍵盤部分で音程を確認しながら、任意の位置を「ドロー」ツールでクリックすると「ノート（音符）」が入力される。なお、入力時のガイドとなるグリッドラインは「スナップメニュー」で設定可能だ（ここでは16分音符刻みの「Step」を選択してみた） **NOTE ③**

《入力》

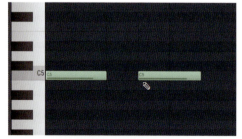

↑マウスのクリック操作でノートが入力される

《消去》

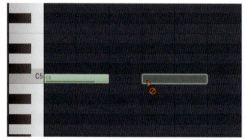

↑「ドロー」ツールでは、入力したノートを右クリックで消去できる

Chapter 3
FL Studioでの曲作りの大まかな流れ

《編集》

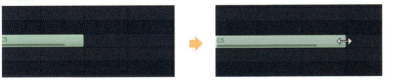

↑ノートの両端をドラッグすると長さを調整できる

↑Windows＝「Alt」、Mac＝「option」キーを押しながらドラッグすると、より細かい精度で長さを調整可能だ

↑ノートは「スライス」ツールで分割することもできる NOTE④

NOTE④
「スライス」ツールへは、キーボードの「C」を押すと切り替えることができる。なお、「ドロー」ツールは「P」キーでショートカット可能だ

《移動》

↑選択したノートはドラッグ操作で移動可能。なお、移動の単位は「スナップメニュー」で設定した値となる

《複数ノートの選択》

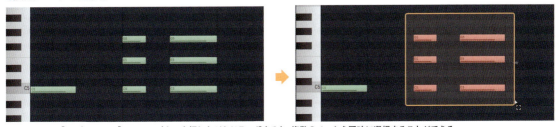

↑Windows＝「Ctrl」、Mac＝「command」キーを押しながらドラッグすると、複数のノートを同時に選択することができる

《ノートの複製》

↑Windows/Mac共に「Shift」キーを押しながらドラッグすると、ノートを複製することができる

55

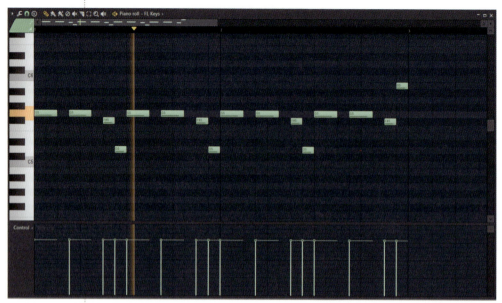

⬆入力したフレーズは「再生」ボタン、または「スペースキー」を押すと再生される。FL Studioでのパターンは自動的にループ再生されるのが特徴だ

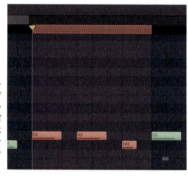

➡小節数の書かれたエリアを右クリックしながらドラッグ（範囲指定）すると、パターンの一部分のみをループ再生可能だ。ループ範囲は画面のように赤く表示され、ループを解除したい場合は赤い部分をダブルクリックすればいい

画面のズームイン／アウトにオススメの操作方法

　ピアノロールでは、ノートの入力箇所を大きく拡大したり、またある程度入力したフレーズを確かめるために縮小表示するなど、頻繁に画面のズームイン／アウトが求められる。そんなときに覚えておくと便利なのがWindows＝「Ctrl」＋「マウスホイール」、Mac＝「command」＋「マウススクロール」のショートカットだ。上側にホイールを回したりスクロールさせるとズームイン、下側だとズームアウトとして機能する。

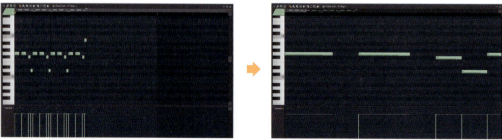

⬆ショートカットを利用すると、打ち込んだフレーズの拡大／縮小表示が素早く行なえる

56

Chapter 3
FL Studioでの曲作りの大まかな流れ

●MIDIキーボードでステップ入力する

NOTE 6
ステップ入力とは、あらかじめノートの長さを指定しておき、MIDIキーボードの鍵盤を使ってノートを順番に入力していく方法だ。鍵盤演奏が得意でない人でも複雑なフレーズを入力できるメリットがある

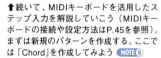

↑続いて、MIDIキーボードを活用したステップ入力を解説していこう（MIDIキーボードの接続や設定方法はP.45を参照）。まずは新規のパターンを作成する。ここでは「Chord」を作成してみよう **NOTE 6**

↑今回は音源として「3x Osc」を使ってみたいと思う。チャンネルラックの「＋」から「3x Osc」を選択する

↑すると、チャンネルラックに「3x Osc」が読み込まれる。先ほどの「FL Keys」同様、デフォルトではミキサーのトラックナンバーは「---」（マスタートラック）に設定されているが、任意のトラック番号へと変更しても構わない。ここでは、「7」に設定してみよう

57

←ステップ入力を行なう場合、まず始めに「ステップエディティング」のボタンをクリックして有効にしておく

↑キーボードの「F7」キーを押すなどして「ピアノロール」を表示したら、「スナップメニュー」から入力したいノートの長さを指定する。ここでは「1/2 beat（8分音符間隔）」を選択してみた

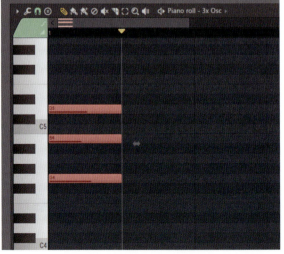

↑→準備ができたら、MIDIキーボードの鍵盤を押えてノートを入力してみよう

Chapter 3
FL Studioでの曲作りの大まかな流れ

↑休符を入れるなど、音符の入力位置はプレイポジションマーカーを移動すると変更できる。なお、入力時のノートの長さを変更するには、再度「スナップメニュー」から値を選び直すしかない。入力したノートを後からマウスで編集するなどして、効率よく作業していくといいだろう

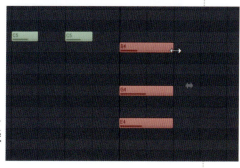

➡P.55でも紹介したように、ノートの端をドラッグしても長さの調整は可能だ。編集する際の移動単位は、こちらも「スナップメニュー」で決めた値に依存する

🍓 ノートのベロシティを調整する

　ピアノロールの下段には、ノートのベロシティ（打鍵の強弱）が表示されている。ベロシティはノートごとに調整可能で、マウスを上下することで値が変更可能だ。プレイヤーの実際の演奏をイメージしながら、フレーズの抑揚をうまくコントロールしてやろう。

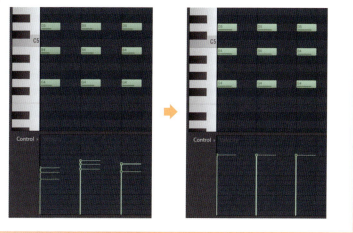

➡ベロシティは「Shift」キーを押しながらドラッグすると、素早く同じ値に揃えることもできる

●リアルタイムで演奏した内容を入力する

↑ここからは、MIDIキーボードを活用したリアルタイム入力の説明だ。まずは例によって新規のパターンを作成していこう。ここでは「Bass」というパターンを作ってみた

NOTE 7
リアルタイム入力とは、文字通り演奏内容をそのままピアノロールに録音していく方法だ。キーボードの演奏が得意な人は、ノートの入力が素早く行なえるメリットがある

↑今回は音源として「Sytrus」を使ってみたいと思う。チャンネルラックの「+」から「Sytrus」を選択する **NOTE 7**

NOTE 8
「オプション」メニューで「Browse presets」をクリックすると、ブラウザからプリセットを読み込むこともできる

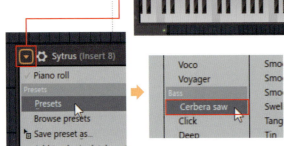

↑←「Sytrus」が表示されたら、ミキサーへのルーティングを指定（ここでは「8」に設定）し、「オプション」メニューの「Presets」から音色を読み込んでおこう。ここでは「Bass」のカテゴリーから「Cerbera saw」を選択してみた **NOTE 8**

Chapter 3
FL Studioでの曲作りの大まかな流れ

←リアルタイム入力では、メトロノームや録音前のカウントがあった方がやりやすい。まずは「メトロノーム」と「カウント」ボタンをクリックして有効にしておく

↑FL Studioでは、プロジェクトの「グローバルスナップメニュー（※ピアノロールの「スナップメニュー」ではない）」で設定した値で、リアルタイム入力したノートに自動的にクオンタイズが掛かる仕組みだ。ここでは、16分音符間隔でクオンタイズが掛かるように「グローバルスナップメニュー」から「Step」を選択してみた。なお、クオンタイズを掛けたくない場合は最小単位の「none」を選ぶといい

NOTE 9
クオンタイズとは、発音タイミングを自動的に揃える機能のことだ

NOTE 10
「録音」ボタンを押したときに「Recording」というダイアログが表示された場合、ここではノート情報をレコーディングしたいので「Notes and automation」または「Everything」を押せばいい。また、ダイアログを再度表示させたくないときは「Don't ask this in the future」にチェックを入れてダイアログを閉じよう

←準備ができたら「録音」ボタンをクリックし、「再生」ボタンを押すとレコーディングが開始される NOTE 10

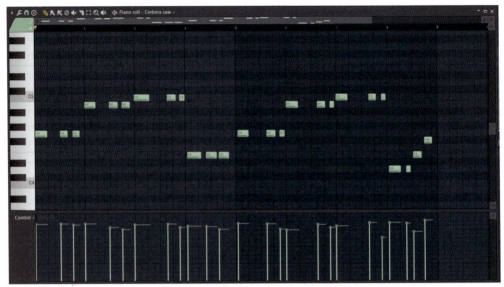

↑メトロノームに合わせて演奏していこう。レコーディングが終了したら「停止」ボタンを押す。するとレコーディングした内容がノートとして表示される

「ブレンドレコーディング」と「ループレコーディング」を活用する方法

FL Studioでは、録音済みのデータに後からでも追記できる「ブレンドレコーディング」機能と、パターンをループしながら録音できる「ループレコーディング」機能が用意されている。2つの機能は併用することもでき、複雑なフレーズを手弾きで録音したい際に活用するといいだろう。

●「ブレンドレコーディング」
「ブレンドレコーディング」を有効にすると、ノートを上書きすることなく重ねて(オーバーダビング)録音できる

●「ループレコーディング」
「ループレコーディング」を有効にすると、パターンを繰り返し再生しながら録音できる。なお、「ブレンドレコーディング」がオフの場合、データは上書きされた状態で入力される

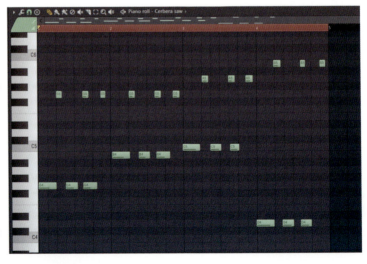

Chapter 3
FL Studioでの曲作りの大まかな流れ

レコーディング時やレコーディング後に「クオンタイズ」で発音タイミングや長さを揃える方法

　MIDIキーボードを使って録音した際に、発音タイミングや長さを自動的に調整（補正）してくれる機能が「クオンタイズ」だ。「クオンタイズ」は、ピアノロールの「Tools」メニューに用意されており、「クイック クオンタイズ」や「クイッククオンタイズ スタートタイム」といった種類が用意されている。

　また、FL Studio 20では、録音時にデータを補正するインプットクオンタイズも装備されている。インプットクオンタイズは、「録音」ボタンを右クリックするとプルダウンメニューで選択可能だ。

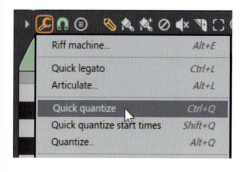
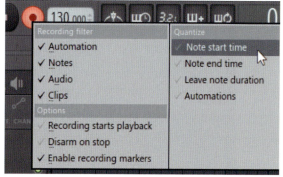

● 「クイック クオンタイズ」

● 「クイック クオンタイズ スタートタイム」

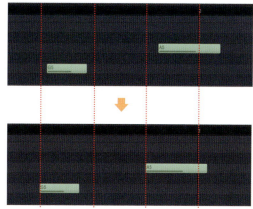

↑ピアノロールの「スナップメニュー」で選択した値で、ノートの発音タイミングと長さが修正される

↑ピアノロールの「スナップメニュー」で選択した値で、ノートの発音タイミングのみが修正される

● 「クオンタイズ」

← 「スタートタイム（発音タイミング）」や「デュレーション（ノートの長さ）」など、自分好みの値を設定して修正できる

63

FL STUDIO 20 BOOK

CHAPTER 3

「フィルターグループ」を活用して チャンネルラックを上手に管理する

キック、スネア、ハット、シンバル、ベース、ピアノ、シンセなど、使用する音色が増えれば増えるほど、チャンネルラックは煩雑になりがちだ。ここでは「フィルターグループ」機能を使って、読み込んだ音色（チャンネル）を上手に仕分けするテクニックを紹介しておこう。

↑「フィルターグループ」は、任意のチャンネルを選択した状態で「チャンネルオプション」メニューから登録できる。まずは、キック、クラップ、ハットといったパートを「Drum」というグループで登録してみよう NOTE①

↑複数のチャンネルを同時に選択するには、「Shift」キーを押しながら希望のチャンネルの「セレクト」ボタンをクリックしていけばいい。なお、チャンネルが選択されると画面のように「セレクト」ボタンが緑に点灯する

←任意のチャンネルが選択できたら、「チャンネルオプション」メニューから「Group selected…」をクリックする

NOTE①

ここでは、作成したチャンネルを後からグループ分けする手順を紹介しているが、あらかじめグループを作成し、そこにチャンネルを登録していく手もありだ。あらかじめグループを作成する場合は、「チャンネルディスプレイフィルタ」を右クリックし、メニューから「Add filter group」を選択すればいい

↑グループ名を付ける画面が表示される。ここでは「Drum」としてみた

↑すると、「Drum」というグループが登録される

↑続けて、別のチャンネルもグループ化してみよう。「チャンネルディスプレイフィルタ」をクリックして「Unsorted」をクリックする（すると仕分けされていないチャンネルが表示される）

64

Chapter 3
FL Studioでの曲作りの大まかな流れ

↑今度はシンセ系の音源をグループ化してみよう。希望のチャンネルを選択して、「チャンネルオプション」メニューから「Group selected…」をクリックする

→グループ名を付ける画面が表示される。ここでは「Synth」としてみよう

←すると、「Synth」のカテゴリーが登録される

NOTE ②
「Color selected」→「Gradient」を選択するとカラーパネルが表示される。なお、複数のチャンネルを選択している場合はカラーを2つ選択でき、パネルにグラデーションも付けられる（2つとも同じ色を選べば、複数のパネルが単色となる）

←↓複数のカテゴリーが登録されると、画面のように表示内容を「フィルターグループ」で瞬時に切り替えられるようになる。また、「チャンネルオプション」メニュー→「Color selected」→「Gradient」を活用すると、フィルターグループは色分けも可能で、カテゴリーごとに色を変えておくのもありだろう NOTE ②

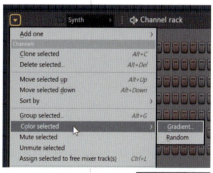

65

プレイリストにパターンを配置する

Chapter 3

リズム、ベース、メロディといったパターンが作成できたら、プレイリストに並べて曲の形に仕上げていこう。まずはパターン配置の基本として、スナップの活用やパターンの複製、マージ（結合）、またブラウザからオーディオサンプルを読み込む手順なども併せて紹介していこう。

● パターンを配置する

↑「ビュープレイリスト」ボタンを押すか、「F5」キーを押すとプレイリストが表示される

NOTE ①
「スナップメニュー」で「Main」を選んだ場合、「グローバルスナップセレクター」で選んだ単位が優先される

● 「Bar」の場合

←↑パターンを配置したり、パターンを移動する際の単位は「スナップメニュー」で指定する。例えば「Bar」を選択すると、小節単位で配置や移動が行なえる **NOTE ①**

● 「Step」の場合

←↑「Step」を選ぶと、16分音符単位でパターンの配置や移動が行なえる。小節単位の「Bar」と比べ、グリッドにガイドとなる線が薄く表示されているのがわかるだろう。このページ以降は、この「Step」を例に解説していこう

Chapter 3
FL Studioでの曲作りの大まかな流れ

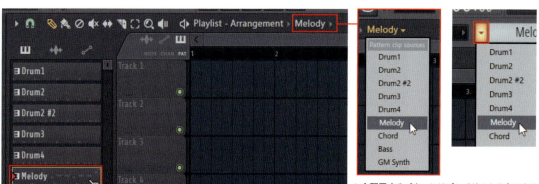

←↑配置するパターンはプレイリストの左にあるピッカーのリストや上部のプルダウンメニュー、パターンの「▼」メニューから選択できる。ここでは、「Melody」というパターンを選択してみた

《入力/消去》

↑「ドロー」または「ペイント」ツールを選択した状態で希望の箇所をクリックすると、パターンが入力できる。また入力したパターンは右クリックで消去可能だ

《移動》

↑選択したパターンは、左右上下にドラッグすることで位置を移動できる(移動の単位は「スナップメニュー」で決める)

67

《編集》

↑パターンの端をドラッグすると、長さをトリミングすることもできる（トリミングの単位は「スナップメニュー」で決める）。なお、Windows＝「Alt」、Mac＝「option」キーを押しながらドラッグすると小節などの単位に縛られないトリミングも可能だ

《複数パターンの選択》

↑Windows＝「Ctrl」、Mac＝「command」キーを押しながら希望の範囲をドラッグすると、複数のパターンを同時に選択することができる

《パターンの複製》

↑Windows/Mac共に＝「Shift」キーを押しながらドラッグすると、パターンを複製することができる

Chapter 3
FL Studioでの曲作りの大まかな流れ

●トラック名を変更する

《Auto Name》

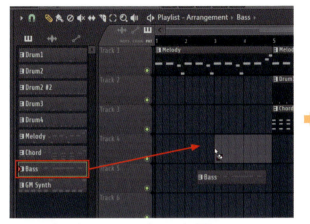
↑ここでは「Bass」というパターンを「Track 4」に配置してみた

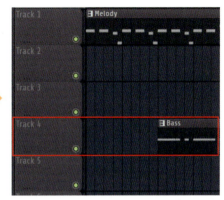
↑プレイリストのトラック名は上から「Track1」、「Track2」、「Track3」といったように並んでいるが、配置したパターンに合わせて名称を変更することができる

↑「Track 4」を右クリックすると表示されるメニューから「Auto name」を選択する

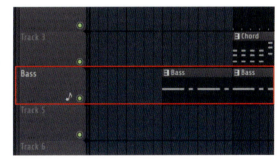
↑すると、トラック名を自動的に「Bass」に変更することができる

《Rename / color…》

↑➡トラック名は同じく右クリックメニューから「Rename color and icon …」を選択すると、自由に変更することができる

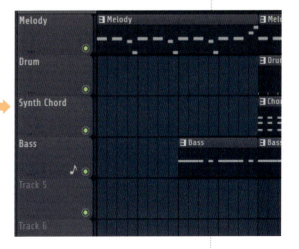

NOTE ②
配置したパターンの内容は、チャンネルラックの各チャンネル（ステップシーケンサー／ピアノロール）からも編集できる

↑配置したパターンは、任意のパターンをダブルクリックするとピアノロールで編集可能だ。ここでは5小節目から始まるパターンをダブルクリックしてみよう

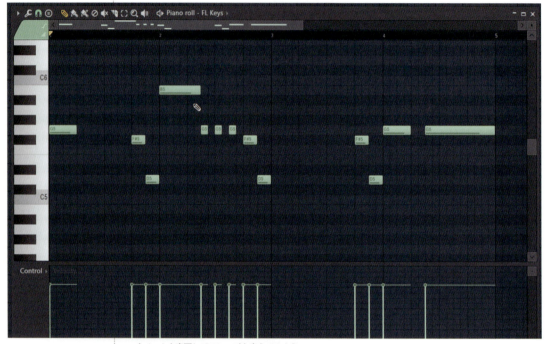

↑ノートを変更してフレーズを変えてみよう

↑すると、プレイリストに配置した同一パターンの中身がすべて差し替えられる

↑配置した複数のパターンから、一部のパターンのみのフレーズを変更したいときは「Make unique（メイクユニーク）」を活用しよう。まず編集したいパターンの先頭にある鍵盤のアイコンをクリックする

Chapter 3
FL Studioでの曲作りの大まかな流れ

←プルダウンメニューから「Make unique」を選択する

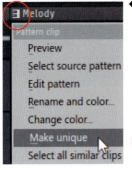

➡すると、パターンがクローン複製され、パターン名に「♯」が付けられる

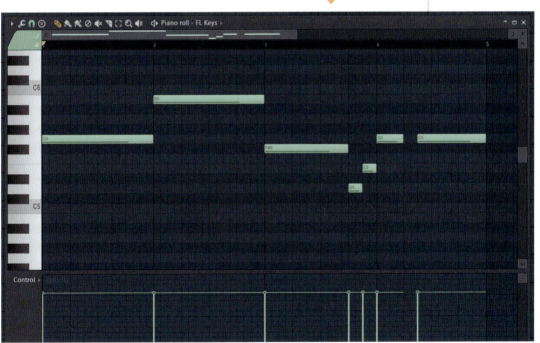

↑ダブルクリックして、ピアノロールで編集してみよう

↑同一パターンの中から一部のパターンのみを変更することができる

●複数のパターンを統合する

↑トラック上に配置した複数のパターンは、1つに統合することもできる

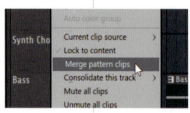

←手順は簡単だ。統合したいトラックを右クリックすると表示されるメニューから「Merge pattern clips」を選ぶ

↑するとパターンが1つに統合される。なお、パターン名は「Merged Clips」となる

●ブラウザからオーディオを配置する

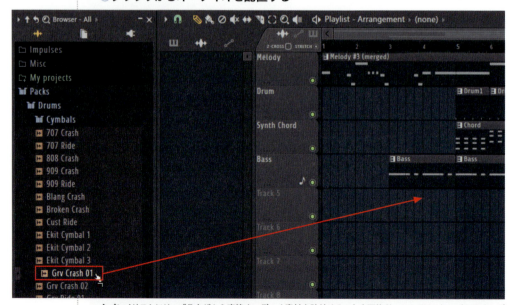

↑プレイリストには、ブラウザから直接オーディオ素材を貼付けることも可能だ。ここでは、シンバルのオーディオ素材をプレイリストにドラッグしてみよう

Chapter 3
FL Studioでの曲作りの大まかな流れ

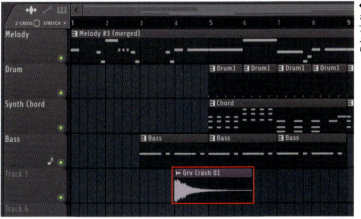

←↓オーディオ素材はドラッグした位置に配置される。なお、一度プレイリストに配置されるとプレイリスト左のピッカーや上部のプルダウンメニュー、パターンメニューからもオーディオクリップとして選択できるようになる

↑プレイリスト左上のフォーカス機能で「波形マーク（オーディオ）」を選択し、「STRETCH」にチェックを入れるとオーディオを自由に伸縮することができる

↑こちらは伸縮前の状態

↑波形の右端をドラッグすると長さを伸ばすことができる

↑オーディオ素材をダブルクリックすると、詳細設定が表示される。ここでは「Reverse」にチェックを入れてみよう

↑すると、このようにシンバルの波形を逆回転させることができる **NOTE ③**

NOTE ③
逆回転させたシンバルは、ダンスミュージックでは良く使われる手法だ。「スライス」ツールを活用すると、小節頭に簡単に揃えることができる

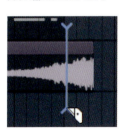

73

● プレイリストを再生する

←テンポ（BPM）を変更したいときは、「テンポ」エリアの数値を上下にドラッグすればいい

↑「パターン／ソングモード」をクリックして、再生モードを「ソングモード」に切り替えるとプレイリストを再生できる。再生位置はソングポジションスライダーで確認でき、スライダーの「▼」をドラッグすると再生位置を自由に変更可能だ **NOTE ④ NOTE ⑤ NOTE ⑥**

NOTE ④
「パターンモード」と「ソングモード」の切り替えは、「L」キーでもショートカット操作できる

NOTE ⑤
「再生」と「停止」は「スペース」キーでもショートカット操作できる

NOTE ⑥
プレイリストオプションのメニューにある「View」→「Resize all tracks」を使うと、トラックの表示幅を一気に変更することもできる

《ソロ再生》

↑各トラックは、緑に点灯しているマークを右クリックするとソロ状態にできる。また、もう一度右クリックするとソロ状態を解除できる

《トラックのミュート》

↑緑に点灯しているマークをクリックして消灯すると、そのトラックをミュート状態にすることができる。もう一度クリックすると解除できる

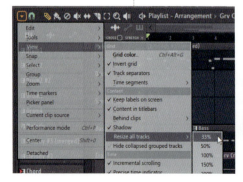

←トラックの表示幅を33％にしてみたところ。表示幅が狭くなることで、数多くのトラックを画面に表示しやすくなる

Chapter 3
FL Studioでの曲作りの大まかな流れ

《ループ再生》

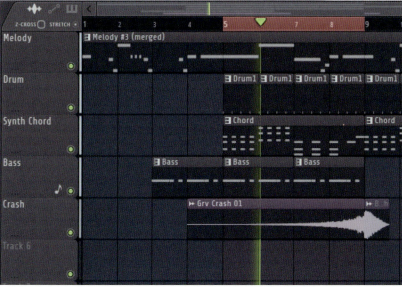

NOTE 7
小節数単位でループ範囲を設定する場合は、「スナップメニュー」で「Bar」を選択しておくとやりやすい

↑小節数の書かれたエリアを右クリックしながらドラッグすると、ループ再生の範囲を指定できる。ループ範囲は画面のように赤く表示され、ダブルクリックするとループの指定を解除できる **NOTE 7** **NOTE 8**

NOTE 8
Windows=「Ctrl」キーを押しながらマウスホイールを上下、Mac=「command」+マウスで上下にスクロールさせると、画面のズームイン／ズームアウトをショートカット操作できる

🍎 トラックの並び順を後から変更する方法

任意のトラックを選択した状態で、Windows/Mac共に「Shift」キーを押しながらマウスホイールを上下したり、マウスで上下にスクロールさせると、トラックの並び順が変更できる。

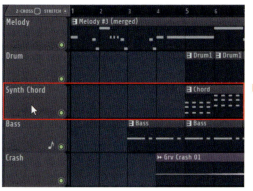

↑例として「Synth Chord」というトラックを選択

↑「Shift」キーを押しながらマウスホイールなどを上下させると、トラックの場所を自由に移動することができる

FL STUDIO 20 BOOK

CHAPTER 3

MIDIコントローラーを使って音源のパラメーターの動きを記録する

FL Studioではプレイリストで楽曲を再生しながら、リアルタイムに音源のパラメーターを操作し、その動きをオートメーション化していくことも可能だ。操作した内容はイベントクリップとしてプレイリストに配置され、ダブルクリックすると中身を後から修正することもできる。

●音源のパラメーターをMIDIコントローラーに割り当てる

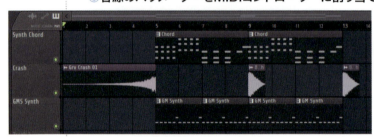

←まずはパターンをプレイリストに配置していこう。ここでは、付属音源「GMS」を使ったシンセのパターンを配置してみた

←音源のパラメーターをMIDIコントローラーに割り当てるには、最初に「マルチリンクコントローラーズ」のボタンをクリックしよう。クリックすると、画面のようにボタンがオレンジ色に点灯する

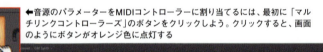

NOTE①
MIDIキーボード／コントローラーのセットアップ方法はP.45を参照

↑次に任意の音源のパラメーターを動かす。ここでは「GMS」の「CUTOFF」を動かしてみた

←続けて、MIDIコントローラーの任意のツマミやスライダーに触れる。今回は「IMPACT LX25+」のモジュレーションホイールを回してみた。これで「GMS」の「CUTOFF」をモジュレーションホイールで操作できるようになる **NOTE①**

76

Chapter 3 FL Studioでの曲作りの大まかな流れ

●ツマミの動きをプレイリストに記録する

↑続いて、ツマミの動きを記録するためのパターンを新規に作成する。今回は「GMS Filter」というパターンを作成してみた

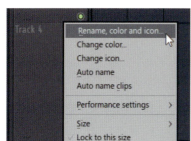

←オートメーションを記録した「イベントクリップ」を配置するためのトラックを決め、右クリックメニューの「Rename,color and icon…」で名称を変更しておこう

↑ここでは「Cutoff」というトラック名にしてみた

77

NOTE②
ツマミの動きを記録した「イベントクリップ」は、任意のトラックに配置されないことがある。そういった場合は、手動で空いているトラックなどに配置し直そう

↑準備ができたら「録音」と「再生」ボタンを押し、シンセのフレーズを聴きながら「GMS」の「CUTOFF」スライダーを動かしてみよう

↑「停止」ボタンを押すと、「CUTOFF」スライダーの動きが「イベントクリップ」として配置される **NOTE②**

NOTE③
右クリックを押したままドラッグすると、直線的なデータに修正することができる。また「Tools」メニューには、データを一定の周期に変更する「LFO」なども用意されている（詳しくはP.124を参照）

NOTE④
リアルタイムでの記録はできないが、各パラメーターは「Create Automation clip」でもオートメーションを描くことができる（詳しくはP.92を参照）

↑「イベントクリップ」をダブルクリックすると、設定されたパラメーターの動きを確認することができる。書き込まれたデータは「ドロー」ツールなどで修正可能だ **NOTE③**
NOTE④

Chapter 3
FL Studioでの曲作りの大まかな流れ

オーディオをサンプリング（録音）する

FL Studioには、オーディオインターフェイスを介して演奏をサンプリングする機能が用意されている。サンプリングは、プレイリストに直接録音していく方法と、付属のオーディオ編集/録音ツール「Edison」経由で行なうものがあり、いずれもミキサーの簡単な設定が必要だ。

●プレイリストに直接レコーディングする方法

NOTE①
今回はインプット1を利用しているが、インプット2にマイクを接続した場合は「UR22 mkII Input 2」を選べばいい

↑まず始めにミキサーの未使用トラック（ここではミキサートラックの10を使用）を選択して、インスペクタからマイクを接続したインプット先を指定しよう。今回は、スタインバーグ「UR22 mkII」のインプット1にマイクをつないでいるので、「UR22 Input 1」を選択している **NOTE①**

↑←マイクなどからの入力信号は、レベルメーターで確認できる。なお、ミキサートラックの下段にある「トラックレコーディングスイッチ（Arm disk recording）」がオン（赤く点灯）になっていると録音待機状態ということだ

79

←プレイリストの「録音」ボタンを押した後、「再生」ボタンを押すとレコーディングが開始される **NOTE②**

NOTE②
録音ボタンを押した後に下画面が表示された場合は、「Audio, into the playlist as an audio clip」をクリックするとプレイリストへ録音が開始される

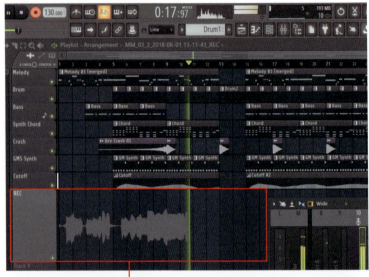

NOTE③
録音したオーディオクリップは、ブラウザの「Recorded」に保存されるが、ファイルを右クリックして「Edit in audio editor」を実行すると後から「Edison」で編集することもできる

NOTE④
ツールバーにある「ワンクリックオーディオレコーディング（マイクのアイコン）」から「into playlist as audio clip」を選んでも、プレイリストに直接レコーディングすることができる

↑録音中は上画面のように波形がプレイリストにリアルタイムに表示される。録音が完了したら「停止」ボタンを押せばいい **NOTE③ NOTE④**

● 「Edison」に録音して必要な箇所をプレイリストに貼り付ける方法

↑「Edison」を使う場合は、先ほどの手順同様、まず始めにミキサーの未使用トラックを選択し、インスペクタからマイクなどを接続したインプット先を指定しておく

↑続いて、「FXスロット」をクリックして、プルダウンメニューから「Edison」を選択する

Chapter 3
FL Studioでの曲作りの大まかな流れ

↑録音の手助けをする「Edison」は、画面のように「FXスロット」に設定されている。もし隠れてしまった場合は「Edison」の名称をクリックすると再表示できる
NOTE⑤ **NOTE⑥**

NOTE⑤
「Edison」を経由したレコーディングは、「ワンクリックオーディオレコーディング」のプルダウンメニューから「into Edison audio editor/recorder」を選択しても行なえる

NOTE⑥
プレイリストが自動的に再生され「Edison」での録音が始まってしまった場合は、楽曲を停止して、フロッピーディスクのマークから「New」を選択しよう。すると、真っ新な状態に戻すことができる

NOTE⑦
「Edison」における録音モードの詳細は下記の通りだ。

・NOW：「Edison」の録音ボタンですぐにレコーディングを開始する

・On input：オーディオ信号を受信したときに録音が開始される。なお、オーディオのトリガーレベルはレベルメータ上を左クリックすると緑の幅線で設定され、この幅を超える音量が入力されると自動的に録音が開始される

・Input：オーディオ信号を受信したときに録音が開始されるが、レベルメーターを左クリックしたトリガーレベル以下になると自動的に録音が止まる

・On play：メイントランスポートで再生したときに録音が開始される

NOTE⑧
「Edison」はパソコンのHDDではなく、RAM（メモリー）を使っているため長時間のレコーディングには向いていない。ボイスサンプルなど、短めのフレーズを録音するために活用しよう

↑「Edison」への入力信号は、画面右上にあるレベルメーターで確認できる

↑「Edison」ではどのように録音を開始するか、プルダウンメニューで選択できる。ここではすぐにレコーディングがスタートする「NOW」を選択してみよう **NOTE⑦**

←「Edison」では、録音する時間や容量を事前に設定できるのも特徴だ。今回は「5 minutes（5分）」を選択してみた **NOTE⑧**

81

↑準備ができたら「Edison」の「録音」ボタンを押す。今回は「Now」を選択しているので、押した瞬間にレコーディングが開始される

↑レコーディングが終了したら「停止」ボタンを押す

↑録音した波形から必要な部分をドラッグして選択しよう。選択箇所は画面のように赤く表示される

Chapter 3
FL Studioでの曲作りの大まかな流れ

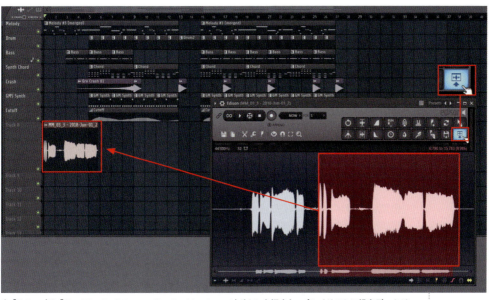

↑「Edison」の「Send to playlist as audio clip / to channel」ボタンを押すと、プレイリストに録音データがオーディオクリップとして配置される

🍎 録音されたオーディオデータの保存場所について

FL Studioでは、プレイリストに直接録音したデータは「Recorded」フォルダ、「Edison」経由の録音データは「Sliced audio」フォルダに収納される。ファイル名を変更したい場合は直接フォルダの中身を変更（※）するか、「Edison」上から任意のフォルダに別名で保存し、ブラウザなどからプレイリストに読み込み直せばいい。

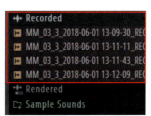

↑ブラウザの「Recorded」を表示したところ

●ファイル名を変更する方法

↑ブラウザの「Sliced audio」を表示したところ

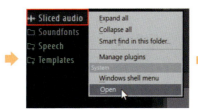

↑ファイル名を変更したいときは、右クリックメニューから「Open」をクリックしてファイルの格納場所（フォルダ）を表示しよう

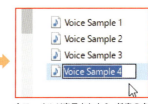

↑ファイルが表示されたら、任意の名称に変更する

↑すると、「Sliced audio」内のファイルの名称も自動的に変更される

（※）チャンネルラックやプレイリストに名称変更前の素材が残っていると、FL Studioを起動したときに「ファイルが見つかりません」という主旨のダイアログが表示されてしまう。ファイル名を変更する際は、チャンネルラックやプレイリストを確認し、名称変更前の素材が残っている場合は削除しておこう

83

FL STUDIO 20 BOOK

ミキサーでサウンドを調整する
（音量、エフェクト、グルーピング etc...）

CHAPTER 3

チャンネルラックに読み込んだ音源やオーディオクリップは、ミキサーで音量や定位の調整、エフェクト処理などが行なえる。ここでは、音源やオーディオクリップをミキサーの各トラックに効率よくアサイン（割り当てる）する方法など、ミキサーの基本的な使い方を紹介していこう。

● チャンネルをトラックにアサインする

《個別にアサインする方法：その①》

↑ まずはチャンネルラックに読み込んだ音源やオーディオクリップをすべて表示するために、ディスプレイフィルターから「All」を選択しておく。そして、「ビューミキサー」ボタンを押して、ミキサーを表示する

NOTE①
FL Studioのミキサーには、マスタートラックとインサートトラック（1～125）が用意されている

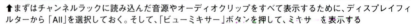

↑→ ミキサートラックへの割り当ては、チャンネルラックの各チャンネル左にある「ターゲットミキサートラック」の番号で指定できる。「---」という表示はマスタートラックを意味しており、この「---」を上下にドラッグすると数値（1～125）が変更可能だ **NOTE①**

↑→ ここでは、「Grv Crash 01」というチャンネルの出力先を「---」から「13」に変更してみた

Chapter 3
FL Studioでの曲作りの大まかな流れ

↑すると、「Grv Crash 01」の音が「Insert 13（インサートトラック13）」に割り当てられる。「Grv Crash 01」の音は「Insert 13（ミキサートラック13）」を通過してからマスタートラックへと出力されることになる

《個別にアサインする方法：その②》

↑ミキサートラックへの割り当ては、希望のチャンネルを選択した状態で、ミキサートラックの「Routing」メニューからも行なえる。ここでは「Blang Crash」を「Insert14（ミキサートラック14）」にアサインしてみよう。まずは「Blang Crash」のチャンネルを選択する

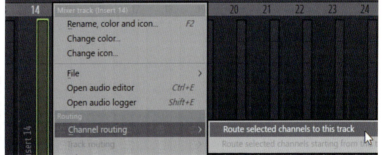

↑任意のトラック（ここではInsert14）を右クリックし、表示されるメニューの中から「Routing」→「Channel routing」→「Route selected channels to this track」をクリックする

↑すると、「Blang Crash」のチャンネルが「Insert14（ミキサートラック14）」に割り当てられる

《複数チャンネルをまとめてアサインする方法》

←ミキサートラックへは、複数のチャンネルを一度に割り当てることも可能だ。ここでは「909 kick」から「Harmless #2」までの12のチャンネルを、「Insert1（ミキサートラック1）」以降に設定してみよう NOTE❷

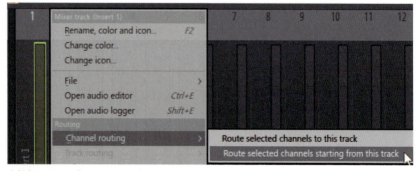

↑任意のトラック（ここではInsert1）を右クリックし、表示されるメニューの中から「Routing」→「Channel routing」→「Route selected channels starting from this track」をクリックする

NOTE❷
複数のチャンネルは「Shift」キーを押しながら順番にクリックすると選択できる

↑すると、「Insert1（ミキサートラック1）」以降に12のトラックが自動的に割り当てられる

ミキサートラックの位置を後から変更する方法

　ミキサートラックの並び順は、希望のトラックを選択した状態で「Shift」キーを押しながらマウスホイールを上下、またはマウスで上下にスクロールさせると変更できる。特定のチャンネルはもちろん、新規チャンネルを既存のミキサートラックに割り込ませるなど、並び順を変更したいときに活用しよう。

↑画面左は「Clap」のトラックを選択した状態。「Shift」キーを押しながらマウスホイールを上下、または上下にマウスをスクロールすると、トラックの並び順を左右に移動できる。右は「909 Crash」の隣に移動させた状態だ

Chapter 3
FL Studioでの曲作りの大まかな流れ

●ミキシングの基本操作

《音量の調整、ソロ／ミュート》

↑音量調整は各トラックに用意されているレベルフェーダーで行なう。各トラックは緑のランプを右クリックするとソロ（再度右クリックでソロ解除）、通常のクリックでランプを消灯するとミュート状態にできる（再度クリックでミュート解除） NOTE③ NOTE④ NOTE⑤

↑ソロの状態

↑ミュートさせてみた状態

《定位の調整》

←左右の音の配置（定位）は、パンニングのツマミで行なえる

NOTE③
FL Studioのミキサーは、各トラックの信号が最終的に画面左端のマスタートラックにルーティングされる仕組みだ。オーディオの流れは緑色の疑似ケーブルで確認することができ、各トラックの下段でルーティングのオン／オフやセンドレベルを調整できる

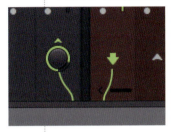

NOTE④
メーターウェーブビューを有効にすると、メーターを波形で確認することができる

NOTE⑤
ミキサーのレイアウトをクリックすると、プルダウンメニューから「Compact」、「Compact 2」、「Wide」、「Wide 2」、「Wide 3」、「Extra large」といった、ミキサーの幅などが異なる表示タイプが選択できる

《エフェクトをかける(インサートエフェクト編)》

NOTE ⑥
一般的にインサートエフェクトには、EQやコンプレッサーといったダイナミクス系のエフェクト、センドエフェクトにはリバーブやディレイなどの空間系のエフェクトを使用することが多い

↑選択したトラックのインスペクタにある「Slot1」～「Slot10」をクリックし、プルダウンメニューから希望のエフェクトを設定するとインサートエフェクトをかけることができる。ここでは、「FL Keys」のトラックに「Fruity Multiband Compressor (マルチバンドコンプレッサー)」を設定してみた **NOTE ⑥**

↑➡「Slot」には最大10個までエフェクトを設定可能だ。また、インスペクタ下段のイコライザーを使っても音質は調整できる **NOTE ⑦**

NOTE ⑦
いったん設定したエフェクトは、再度プルダウンメニューを開き「Replace」から違うモデルに変更できる。「Replace」の中の「(none)」を選ぶと空欄の状態に戻すことも可能だ。また、「Open plugin picker」や「Browse plugin database」からもプラグインを呼び出すことができる

↑「▼(プラグインオプション)」メニューをクリックすると、プリセットを選択することもできる。エフェクト初心者の場合、プリセットから自分好みのサウンドに仕上げていく手もありだろう

Chapter 3
FL Studioでの曲作りの大まかな流れ

《エフェクトをかける（センドエフェクト編）》

↑まずはミキサーの未使用トラックの空きスロットに空間系のエフェクトを設定しよう。ここでは「Insert16（インサートトラック16）」の「Slot1」に「Fruity Reeverb 2（リバーブ）」を読み込んでみた

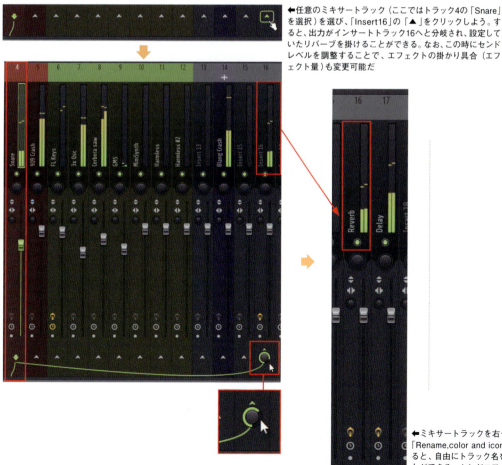

←任意のミキサートラック（ここではトラック4の「Snare」を選択）を選び、「Insert16」の「▲」をクリックしよう。すると、出力がインサートトラック16へと分岐され、設定していたリバーブを掛けることができる。なお、この時にセンドレベルを調整することで、エフェクトの掛かり具合（エフェクト量）も変更可能だ

←ミキサートラックを右クリックして「Rename,color and icon...」を選択すると、自由にトラック名を変更することができる。センドエフェクト用に使用するトラックには「Reverb」や「Delay」といった名前を付けておくとわかりやすいだろう

89

NOTE ⑧
作成したグループチャンネルトラックは、プルダウンメニューから「Group」→「Separator」を選択すると境界線のない通常のトラックに戻すことができる

《グルーピング》

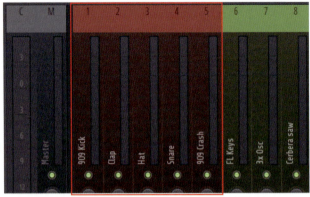

↑FL Studioでは「グループチャンネルトラック」を利用して、複数のトラックを1つのトラックにまとめることもできる。ここでは、「kick」、「Clap」、「Hat」、「Snare」、「909 Crash」というリズム関連のトラックを、「Drum」というグループチャンネルトラックにまとめてみよう

↑まず始めにミキサー上の空きトラックを右クリックして、プルダウンメニューから「Group」→「Create group…」を選択する

↑名称を付ける画面が出るので「Drum」と入力し、色も目立つように変更しておこう（ここでは水色を指定してみた）

↑グループチャンネルトラックが作成されると、画面のように隣接するトラックに境界線が表示されるのが特徴だ **NOTE ⑧**

Chapter 3
FL Studioでの曲作りの大まかな流れ

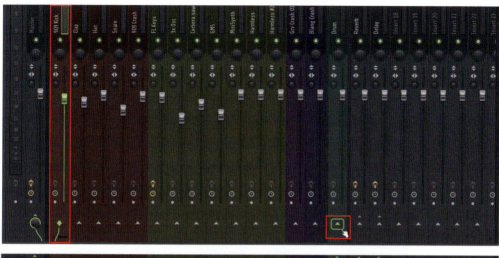

↑各トラックをグループトラック「Drum」にルーティングしていこう。まずは「909 kick」のトラックを選択して、信号が流れるように「Drum」の「▲」ボタンをクリックする。結線されると下画面のようにケーブルが表示される

↑「909 kick」はマスタートラックにもオーディオ信号が流れているので、マスタートラックへの信号はオフにしておこう（マスタートラックの「▲」をクリックするとオフにできる）

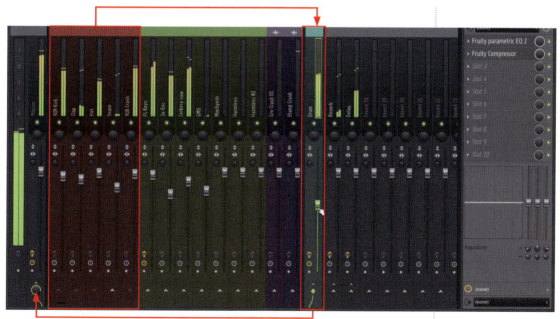

↑同様に「clap」、「Hat」、「Snare」、「909 Crash」のオーディオ信号も「Drum」に流れるようにルーティングを変更すると、各トラックの音量を「Drum」のフェーダー1つでコントロールできるようになる。「Drum」の「Slot1 〜 10」にEQやコンプレッサーを設定すれば、ドラム全体をまとめてエフェクト処理することも簡単だ

FL STUDIO 20 BOOK

CHAPTER 3 オートメーションを設定する
（音量、エフェクト、音源のパラメーターetc…）

FL Studioでは、フェーダー、エフェクト、音源など、多くのパラメーターの動きをオートメーション化することができる。オートメーションはP.78で紹介したリアルタイムに設定していく方法もあるが、ここでは「オートメーションクリップ」を使った設定方法を解説していこう。

NOTE①
「オートメーションクリップ」は、P.94のコラムでも紹介しているように「ブラウザ」から作成する方法もある

NOTE②
ポイントの入力や移動は、プレイリストのスナップメニューに依存する

NOTE③
追加したポイントは、右クリックメニューの「Delete」で削除できる

↑←「オートメーションクリップ」は、任意のフェーダーやパラメーターを右クリックし、メニューから「Create automation clip」を選択すると作成できる。今回は「FL keys」のレベルフェーダーを例にやってみよう **NOTE①**

↑オートメーション用のクリップが作成された状態

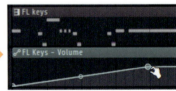

↑マウスを右クリックすると、オートメーションのポイントが入力できる。ポイントを上下させることでオートメーションのカーブを設定可能だ **NOTE②**

↑ポイント間にある小さなポイントを上下すると、滑らかな曲線にすることもできる。なお、再度右クリックすると元の直線に戻る

↑別のところを右クリックすると、いくらでも新規のポイントを追加できる **NOTE③**

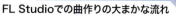

FL Studioでの曲作りの大まかな流れ

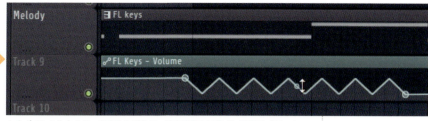

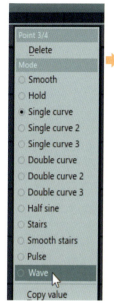

←↑ポイントを右クリックすると編集モードの選択も可能だ。通常は「Single curve」で作業するのが一般的だが、例えば「Wave」を選択すると、文字通り周期的な波を設定することもできる

➡「オートメーションクリップ」は、ミキサーに読み込んだエフェクターや音源のパラメーターでも作成できる。ここでは付属プラグイン「Effector」のパラメーターである「X PARAM」を右クリックし、「Create automation clip」を作成してみよう

←先ほどのフェーダー同様、エフェクトのパラメーターの動きもオートメーション化することができる。作成された「オートメーションクリップ」の長さは、クリップの端をドラッグすることで変更可能だ

←↑なお、一度作成した「オートメーションクリップ」は、プレイリストの左にあるピッカーや上部のクリップ選択メニューから呼び出して使用することができる

93

サードパーティー製の音源では「Browse parameters」を活用するのがポイント！

　サードパーティー製の音源の場合、希望のパラメーターを右クリックしても「Create automation clip」が表示されないケースが多い。そんなときは、音源左上にある「▼（プラグインオプション）」メニューから「Browse parameters」を選択し、ブラウザにパラメーターのリストを表示しよう。これで任意のパラメーターの「Create automation clip」を作成することができる。

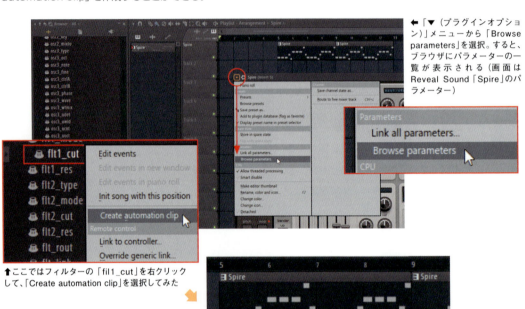

←「▼（プラグインオプション）」メニューから「Browse parameters」を選択。すると、ブラウザにパラメーターの一覧が表示される（画面はReveal Sound「Spire」のパラメーター）

↑ここではフィルターの「fil1_cut」を右クリックして、「Create automation clip」を選択してみた

←オートメーションを設定する

↑楽曲に合わせて、フィルターのツマミが動く

Chapter 3
FL Studioでの曲作りの大まかな流れ

FL STUDIO 20 BOOK

オーディオファイルの書き出し

ミックス作業が終わったら「FILE」メニューの「Export」から楽曲をオーディオファイルに書き出してやろう。FL Studioでは、1曲まるごとのファイルはもちろん、楽曲を部分的に書き出したり、パターンのファイルも生成可能だ。そして音声フォーマットを細かく設定できるのも特徴だ。

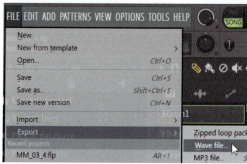

←楽曲が完成したら「FILE」メニューの「Export」から、書き出したいオーディオファイルの形式を選択する。今回は「Wave file…」を選択してみよう

➡「名前を付けて保存」のダイアログが表示されるので、保存場所とファイル名を付けて「保存」をクリックする。ここでは保存場所をデスクトップ、ファイル名は「MM Song A」としてみた

95

NOTE①

「Tail」の各モードの特徴は下記の通りだ

・Cut remainder：最終小節までを書き出すモード

・Leave remainder：リバーブなどの音の残響部分を考慮して、実際の小節数よりも長い範囲を書き出すモード。なお、残響音などが切れてしまう場合はマーカーを活用して演奏のエンドポイントを変更しておくといい

・Wrap remainder：曲の終わりの残響音を曲の始まりに重ねて書き出すモード。パターン（エフェクト込みのループ素材）を書き出す際に便利なモードだ

NOTE②

「MP3」を選択している場合、「bitrate（ビットレート）」のスライダーで音質を決められる。高音質な音楽配信用なら「160kbps」あたりに設定しておくといい

NOTE③

「Miscellaneous…」の詳細設定で「Split mixer tracks」を選択すると、ミキサートラックごとのオーディオファイルを書き出すこともできる。マルチトラックで書き出したい人にオススメだ

↑「保存」ボタンを押すと、上のようなレンダリング設定画面が表示される。「Project type」の項目には、楽曲の長さ、トータル時間、ファイルの容量が表示されている他、「▼」をクリックするとさらに細かな設定が行なえる

↑「Mode」をクリックすると、「Full song」か「Pattern」が選択できる。今回は楽曲全体の「Full song」を選択しているが、選択したパターンをオーディオファイル化したい場合は「Pattern」を選べばいい

↑「Tail」をクリックすると最後の小節の処理方法が選択できる。選択項目には「Cut remainder」、「Leave remainder」、「Wrap remainder」が用意されている。楽曲をまるごと書き出す場合は「Leave remainder」を選択しておくといいだろう **NOTE①**

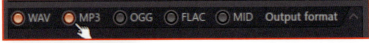

↑←ファイル形式には、WAV、MP3、FLACなどが選択可能だ。上画面のように「WAV」と「MP3」を同時に書き出すこともでき、ビットレートも細かく設定できる **NOTE②**

→「Start」をクリックするとレンダリング（書き出し行為）が開始される

↑レンダリングが完了すると、オーディオファイルが作成される **NOTE③**

楽曲を部分的にオーディオファイルに書き出す方法

FL Studioでは、希望の範囲を選択した状態で「File」→「Export」を実行すると、楽曲を部分的にオーディオファイル化できる。ミュートを使って、任意のトラックのみが再生されるようにしておけば、希望のフレーズだけをファイルにすることも可能だ。

↑右クリックしながら希望の範囲を選択する。ここでは5〜9小節目を選択してみた

↑レンダリング画面の「Mode」が「Song selection」になっていることを確認しよう。この状態で「Start」ボタンを押せば、楽曲の一部をオーディオファイル化することができる

Chapter 3
FL Studioでの曲作りの大まかな流れ

FL STUDIO 20 BOOK

プロジェクトのバックアップ方法

P.43で紹介したように、作成したプロジェクトは「FILE」メニューの「Save」で保存することができる。しかし、パソコンがクラッシュするなど、もしもの場合に備えたバックアップがあると安心だ。このチャプターの締めくくりとして、ここでは楽曲のバックアップ方法について触れておこう。

●プロジェクトとオーディオ素材をまとめてバックアップする

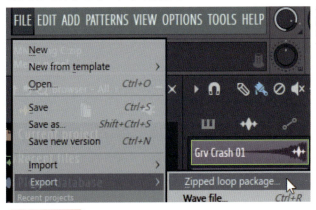

←プロジェクトのデータと、その楽曲で使用したオーディオデータをバックアップしたい場合は、「FILE」メニューから「Export」→「Zipped loop package...」を選択する

NOTE①
ここで紹介している「Zipped loop package...」でバックアップできるのは、プロジェクトデータとオーディオデータのみだ。P.155で紹介している映像用の画像データなどは含まれないので注意しよう

NOTE②
書き出されたプロジェクトやオーディオ素材は、WindowsとMacで互換性のあるものだ。Windowsで圧縮された「MM Song C」をMacのFL Studio 20ですぐに開くことができる（サードパーティー製の音源やエフェクトがインストールされていない場合は、音源やエフェクトが見つかりません、という警告が表示される）

↑書き出し場所と名前を決めるダイアログが表示されるので、任意の場所と名称を決めて「保存」ボタンを押す。ここでは、書き出し場所をデスクトップ、ファイル名を「MM Song C」としてみた

→すると、デスクトップに圧縮された状態の「MM Song C」フォルダが作成される。フォルダの中には、プロジェクトデータとオーディオ素材が収納されており、このフォルダを別のHDDなどにコピーしてバックアップしておけばいい **NOTE①** **NOTE②**

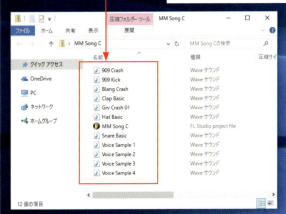

97

●プロジェクトの構成要素をバックアップする

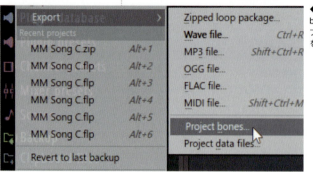

←FL Studioでは、「FILE」メニューから「Export」→「Project bones...」を選択すると、楽曲で使用したオートメーションクリップやチャンネルラックで使用したオーディオ素材、パターンなどを個別に書き出すことができる

➡こちらは「MM Song C」という楽曲を、デフォルトの保存先である「Image-Line」→「FL Studio」→「Projects」→「Project bones」に書き出してみた状態だ。「Project bones」フォルダに書き出すことで、別の楽曲を新規に作成した際にも、ブラウザの中の「Project bones」からデータを引っ張り出せるようになる。つまり、「MM Song C」で作成した材料を別の楽曲でも使い回すことができるのだ **NOTE ③**

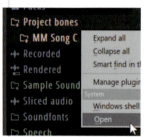

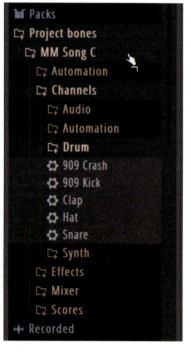

NOTE ③
ブラウザの中の「Projects bones」は、右クリックメニューで「Open」を選択すると格納されているフォルダを表示することができる。構成要素のネタだけを取っておきたい場合は、「Projects bones」の中身をバックアップしておくといいだろう

●オーディオ素材のみをバックアップする

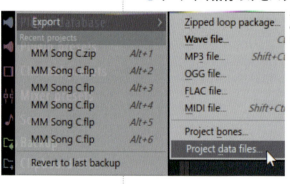

←FL Studioでは、「FILE」メニューから「Export」→「Project data files...」を選択すると、楽曲で使用したオーディオ素材のみを書き出すことができる

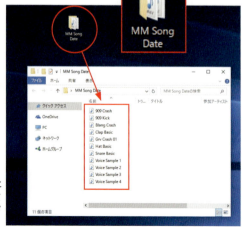

➡フォルダをHDDなどにコピーすれば、オーディオ素材のみをバックアップすることができる

CHAPTER 4 EDM系トラックの作り方 Tips集

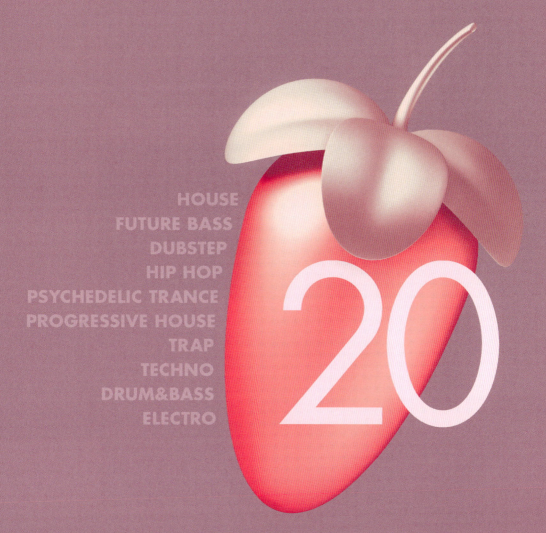

HOUSE
FUTURE BASS
DUBSTEP
HIP HOP
PSYCHEDELIC TRANCE
PROGRESSIVE HOUSE
TRAP
TECHNO
DRUM&BASS
ELECTRO

サイドチェインでフレーズの鳴りを変える

CHAPTER 4

EDM系のトラックでは、キックの発音タイミングに合わせてフレーズの鳴りを変える「サイドチェイン」がよく用いられる。サイドチェインの効果を生み出す手法は様々あるが、ここではFL Studioにおける3つの代表的な方法を紹介しよう。

●「Fruity Limiter（コンプ）」を使う方法

↓まずは、サイドチェイン用のキック、実際に鳴らすキック、サイドチェインをかけるフレーズ（今回は「3x Osc」を使ったベースのフレーズ）の3つのパターンを用意しておく **NOTE①**

●サイドチェイン用のキック

NOTE①
ここでは、わかりやすくするために「Sidechain kick」と名称を変更している。バスドラム（キック）の音が割り当てられていれば、名称は何でもOKだ

●実際に鳴らすキック

●サイドチェインをかけるフレーズ

Chapter 4
EDM系トラックの作り方 Tips集

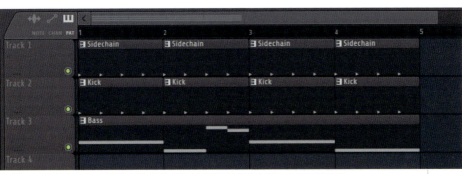

↑パターンができたらプレイリストに並べておこう。ここでは4小節分のパターンを並べてみた

↑➡続いて、各チャンネル（サイドチェイン用のキック、実際に鳴らすキック、ベース）がミキサーの別々のトラックに出力されるように割り当てておく。ここでは、サイドチェイン用のキックをトラック「1」、実際に鳴らすキックをトラック「2」、ベースはトラック「3」に割り当ててみた

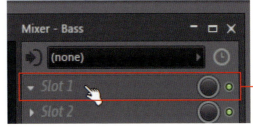

←↑準備ができたらベースのトラックを選択して、スロットに「Fruity Limiter」を読み込む

101

←次に、トラック「1」（サイドチェイン用のキック）を選択して、ベースのトラックに信号が向くようにトラック「3」の「▲」を右クリックしよう。そして、プルダウンメニューから「Sidechain to this track only」を選ぶ NOTE❷

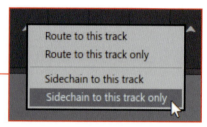

NOTE❷
「Sidechain to this track only」を選ぶと、マスタートラックへの割り当てが解除され、結果として音が鳴らない状態となる。つまり、サイドチェイン用のキックの音は、ベースのフレーズを変化させるトリガー信号としてのみ利用されることになる

↑すると、サイドチェイン用のキックの信号がベースのトラックへと割り当てられる

➡続いて、「Fruity Limiter」の設定に移ろう。ベースのスロットの「Fruity Limiter」をクリックする

NOTE❸
ここで「1」を指定しているのは、例として紹介しているサイドチェイン用のキックをミキサーのトラック「1」に割り当てているからだ。サイドチェイン用のキックの信号を別のミキサートラックに割り当てた場合は、その番号を指定すればいい

↓「SIDECHAIN」と書かれた部分を上下にドラッグして「1」を指定する NOTE❸

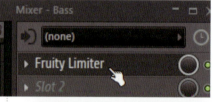

←「Fruity Limiter」が表示されたら、「COMP」と書かれた文字をクリックしてコンプモードに切り替える

102

Chapter 4 EDM系トラックの作り方 Tips集

⬇曲を再生しながらコンプレッサーのパラメーターを調整していこう。ベースの「ブー、ブー」という鳴りが、「ッブ、ッブ」といった跳ねた感じに聴こえると成功だ

⬆「コンプレッサーは、「RATIO（レシオ）」で決めた圧縮率で「THRES（スレッショルド）」を超えた音が圧縮される仕組みだ。コンプレッサー入門者の人は、まず「RATIO」を右側（圧縮率を高くする）、「THRES」を左側（コンプの掛かる範囲を大きくする）に回して調整を始めるといい

⬆「ENVELOPE」の「REL（リリース）」もサイドチェインによる音作りの重要なパラメーターだ。「REL」はコンプ効果がなくなるまでの時間を表わしており、ツマミを右側に回すことで「ッブー、ッブー」というベースの終わりの印象を変えることができる

🍋 コンプの掛かり具合を視覚的に判断する方法

「Fruity Limiter」では、ディスプレイ左上の「I（インプット）」または「O（アウトプット）」ボタンを使って、入力された音とコンプ効果を加えた後の音を簡単に比較できる。サイドチェインの掛かった音を視覚的に判断する際に活用するといい。

⬆「I」ボタンを押すと、元音の状態が表示される

⬆「O」ボタンを押すと、コンプの掛かった状態が表示される

●「Fruity Peak Controller」を使う方法

↑このページからは「Fruity Peak Controller」を使う方法を解説していこう。「Fruity Peak Controller」を使う場合も、サイドチェイン用のキック、実際に鳴らすキック、サイドチェインをかけるフレーズのパターンを準備するところまでは同じだ。また、P.101で紹介したように各チャンネル（サイドチェイン用のキック、実際に鳴らすキック、ベース）が別々のトラックに出力されるようにミキサーへの割り当て作業も忘れずに行なっておこう

←まず最初に、ミキサーでサイドチェイン用のキックのトラックを選択する

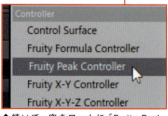

↑続いて、空きロットに「Fruity Peak Controller」を読み込む

104

Chapter 4 EDM系トラックの作り方 Tips集

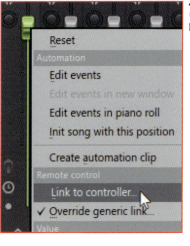

←今度はベースのフェーダーを右クリックして、プルダウンメニューから「Link to controller…」を選択する

↑「Remote control settings」ダイアログが表示されるので、「Internal controller」の「(none)」と書かれたプルダウンメニューをクリックして、「Peak ctrl - Peak」を選択する

↑「Peak ctrl - Peak」を選択したら最後に「Accept」を押す

↑この状態で楽曲を再生すると、サイドチェイン用のキックの発音に合わせて、ベースのフェーダーが上下するようになる。音量が上下することで、ベースの「ブー、ブー」という鳴りが、「ッブ、ッブ」に変化する

↑「Fruity Peak Controller」では、「Mute」をオンにすると、サイドチェイン用のキックの音がミュートされる仕組みになっている

《Fruity Peak Controllerの使い方》

・BASE

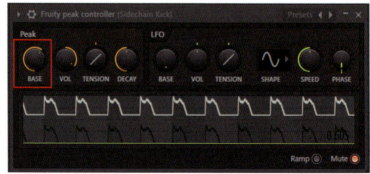

↑フェーダーを上下する際の開始位置を決めるツマミ。ツマミを左に回すとフェーダー下方、右に回すとフェーダーの上の方に開始位置が設定される。フレーズの音量を決めるツマミとも言える

106

Chapter 4
EDM系トラックの作り方 Tips集

・VOL

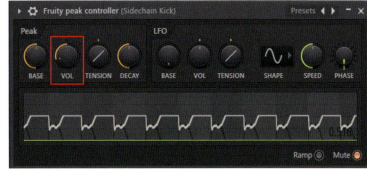

↑フェーダーの開始位置を基準にして、上に振るか、下に振るかを決めるツマミ。右に回すと上方向、左に回すと下方向にフェーダーが動く

・TENSION

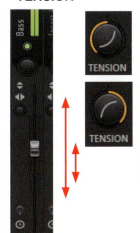
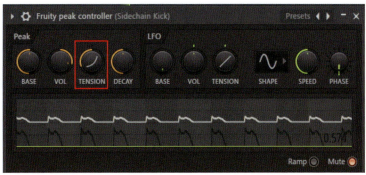

↑フェーダーが上下する際の振り幅を決めるためのツマミ。右に回すと振れ幅が大きく、左に回すと振れ幅が小さくなる

・DECAY

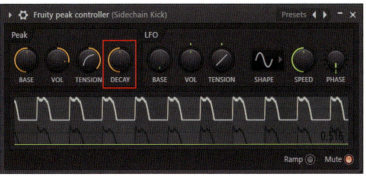

←「VOL」や「TENSION」で設定したフェーダーの動きの減衰時間を決めるツマミ。左に回すほどフェーダーの動きが遅くなり、左に目一杯回すとフェーダーの上下運動がない状態（サイドチェイン効果がない状態）になる

●「Gross Beat」のプリセットを活用する方法

↑最後に「Gross Beat」のプリセットを活用する方法を解説しておこう。「Gross Beat」のプリセットを使う場合は、サイドチェイン用のキックを用意する必要はない。効果をかけたいフレーズに直接「Gross Beat」をかけることになる。ここでは、キックとベースのトラックを用意して、ミキサーのトラック「1」にキック、トラック「2」にベースを割り当ててみた

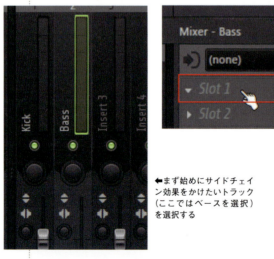

←まず始めにサイドチェイン効果をかけたいトラック（ここではベースを選択）を選択する

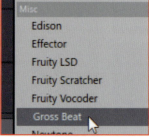

↑続いて、「Gross Beat」を読み込む

Chapter 4
EDM系トラックの作り方 Tips集

NOTE ①
「Gross Beat」では、入力音のボリュームのエンベロープ（時間的な変化）を調整することで、フレーズにサイドチェイン効果を加えている。エンベロープはオレンジ色のラインで表示されており、自分好みの線やカーブに変更することも可能だ

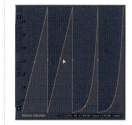

↑「Gross Beat」が起動したら、画面左下のプリセットから「Sidechain」をクリックする

↑この状態で楽曲を再生すると、ベースに4つ打ちキックのサイドチェイン効果が掛かり、「ブー、ブー」というベースが「ッブー、ッブー、ッブー、ッブー」というように変化する NOTE ①

スネアロール&ピッチアップを素早く作る

CHAPTER 4

EDM系のトラックでは、曲で一番の盛り上がりを見せる「ドロップ（ポップスで言うところのサビ）」の前に、スネアのロールを入れることが多い。ここでは効率良くスネアロールを入力する方法と、スネアロールをピッチアップさせるテクニックを紹介しよう。

● 「Chop」を活用してスネアの連打を作る

←↑まずはチャンネルラックにスネアの音色を準備して、新規のパターンを作成しよう（ここでは「Snare Roll」というパターンを作成してみた）。スネアの音色を右クリックして、プルダウンメニューから「Piano roll」をクリックする

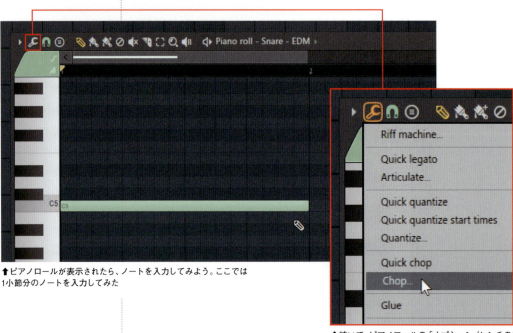

↑ピアノロールが表示されたら、ノートを入力してみよう。ここでは1小節分のノートを入力してみた

↑続いて、ピアノロールの「オプション（レンチのマーク）」メニューから「Chop…」を選択する

110

Chapter 4 EDM系トラックの作り方 Tips集

←すると、画面のように1小節分のノートが細かく分割される。なお、分割する細かさは「Time mul」のツマミで調整可能だ。ここではスネアが4分音符の間隔になるように設定してみた
NOTE ①

NOTE ①
「Time mul」のツマミは、左に回すほどデータが細かく分割されるようになっている

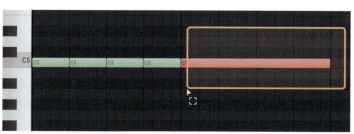

←「Chop」は選択したノートごとに設定できる。同様の手順で、さらにもう1小節分のノートを入力してみよう。入力したノートは「Ctrl」キーを押しながらドラッグすると選択できる

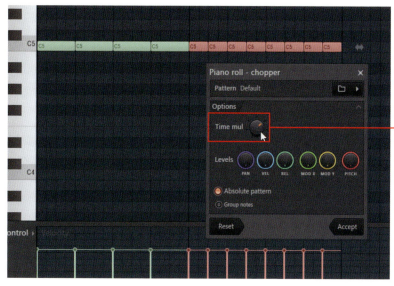

←再度「オプション(レンチのマーク)」メニューから「Chop…」を選択し、今度は8分音符間隔になるように「Time mul」ツマミを調整する

111

↑同様の手順でスネアロールの後半も作成していこう。「Time mul」のツマミを活用することで、32分音符や64分音符など、非常に細かい連打も瞬時に生み出すことができる

←スネアのロール（連打）が入力できたら、下段の「Control」と書かれた部分をクリックして、プルダウンメニューから「Note fine pitch」を選択する

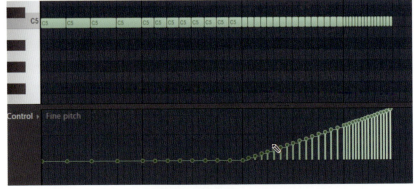

NOTE②
マウスを右クリックした状態で始点から終点に向けてドラッグすると、素早く直線的な変化を入力することができる

↑スネアの音程が徐々に上がっていくようにピッチ情報を入力していこう **NOTE②**

➡スネアロールのパターンが作成できたら、プレイリストに配置すれば完成だ

●「Edison」とオートメーションを使って、スネアをピッチアップさせる

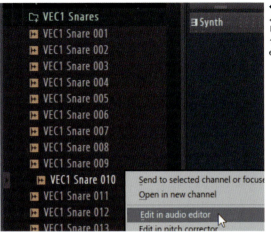

←続いては、「Edison」とオートメーションを使って、より高速にスネアをピッチアップさせる方法を紹介していこう。まずは、ブラウザから希望のスネアを右クリックして、プルダウンメニューから「Edit audio editor」を選択する

NOTE ③
左クリックを押しながら波形をドラッグすると範囲が選択できる。なお、選択を解除したい場合はダブルクリックすればいい

←すると、スネアの波形が読み込まれた状態で編集ツール「Edison」が起動する。まずはロール（連打）として使いたい範囲を選択しよう。選択した範囲は画面のように赤く表示される **NOTE ③**

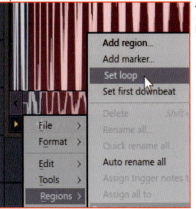

←続いて、「Edison」の画面左下にある「▼」をクリックして、プルダウンメニューから「Regions」→「Set loop」を選択する

113

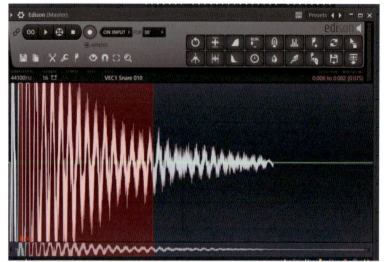

↑ループの範囲が作成される

➡次にWindows＝「Ctrl」＋「A」、Mac＝「command」＋「A」を押して波形を全選択し、「Edison」の画面右上にある「Drag/copy sample/selection」ボタンをチャンネルラックの空きスペースにドラッグする

↑すると、チャンネルラックにスネアの音色が読み込まれる

Chapter 4

EDM系トラックの作り方 Tips集

←チャンネルラックに読み込んだスネアをクリックして、チャンネルセッティングを開く

←チャンネルセッティングが開いたら、「Loop」の項目にある「Use loop points」にチェックを入れる

↑また、「PITCH」のレンジ幅をドラッグして「48」に設定しておこう

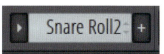

←新規のパターンを作成する。ここでは「Snare Roll2」というパターンを作ってみた

↑チャンネルラックのスネアを右クリックして、プルダウンメニューから「Piano roll」をクリックする。ピアノロールが表示されたら、スネアロールを入力してやろう

↑次に作成したパターンをプレイリストに配置する

↑続いて、スネアのチャンネルセッティングにある「PITCH」を右クリックして、プルダウンメニューから「Create automation clip」を選択する

Chapter 4
EDM系トラックの作り方 Tips集

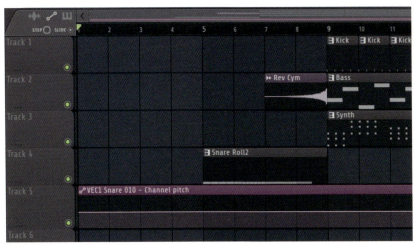

↑プレイリストにスネアのピッチをコントロールするための「オートメーションクリップ」が作成される

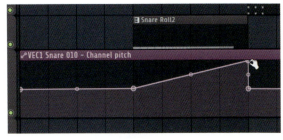

←右クリックでオートメーション用のポイントを設定し、ポイントを上下させながらオートメーションを設定してやろう。EDM系のスネアロールでは、画面のようにロールの後半をピッチアップさせるケースが多い
NOTE 4

NOTE 4
ピッチのオートメーションは、何も設定しない中央の位置が「50%」だ。パーセンテージは、FL Studioの左上（TOOLSの文字の下）にある「ヒントパネル」エリアに表示される。オートメーションを設定する際に、この数値も参考にしながら入力するといいだろう

↑準備ができたら「再生」ボタンを押そう。オートメーションに合わせて、スネアロールがピッチアップされる

117

FL STUDIO 20 BOOK

CHAPTER 4 「Sytrus」でWobble Bass（ウォブルベース）を作る

ダブステップ系のトラックでは、通称「ウォブルベース」と呼ばれるウネリのあるベースサウンドを耳にすることが多い。ここでは、FL Studio付属の「Sytrus」を使って、音量変化を利用した「ウォブルベース」の作り方を解説していこう。

➡まず最初に新規のパターン（ここでは「Bass」というパターンを作成）を作り、チャンネルラックに「Sytrus」を読み込む

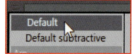

↑➡「Sytrus」が読み込めたら画面左上の「▼（オプション）」メニューをクリックして、プルダウンメニューから「Presets」→「Default」を選択する

NOTE ①

「Sytrus」は、「OP 1」〜「OP 6」で設定した音を掛け合わせることで、独特のFMサウンドが生み出せる音源だ。ここでは「OP 1」〜「OP 4」を使用し、各サウンドのボリュームがアサインされた「X」ツマミを動かすことで、ウォブルベースを作り出そうとしている

↑続いて「Sytrus」のセッティングをしていこう。まずは上部の「OP 1」を選択して、「Freq ratio」の値を「0.5000」に変更する。さらに画面中央の「VOL」と「MOD X」を順にクリックし、「MOD X」の赤いラインの左端のポイントをドラッグしながら下げて、画面のように右上がりに直線に変更する NOTE ①

Chapter 4

EDM系トラックの作り方 Tips集

←同様に上部の「OP 2」を選択して、「OP 1」と同じ状態にする。「Freq ratio」の値を「0.5000」に変更し、「VOL」と「MOD X」を順番にクリック。「MOD X」の赤いラインの左端のポイントを下げて、画面のように右上がりに直線に変更する

➡今度は「OP 3」を選択して、「Freq ratio」の値を「15.0000」に変更する。それ以外の設定は「OP 1」と同じだ

←続いて「OP 4」を選択して、「Freq ratio」の値を「25.0000」に変更する。それ以外の設定は「OP 1」と同じで構わない

NOTE 2

ウォブルベースで使用する音色は、ここで紹介している「Sytrus」のパラメーターセッティングがすべてではない。FL Studioのデモ曲として収録されているSeamlessの楽曲なども参考にしながら、自分好みのサウンドを見つけよう

➡「OP 1」～「OP 4」の準備ができたら、最後にマトリックスのツマミを利用してサウンドメイクをしていこう。ここでは最上段の「1」の列にある「2」、「3」、「4」のツマミを画面のように設定してみた。ツマミは少し回すだけでもかなり歪んだ感じになるが、LFOによるウネリを設定した後から微調整する手もある NOTE 2

119

←音の準備ができたところで、「Syturs（Default）」を右クリックしてプルダウンメニューから「Piano roll」を選択する

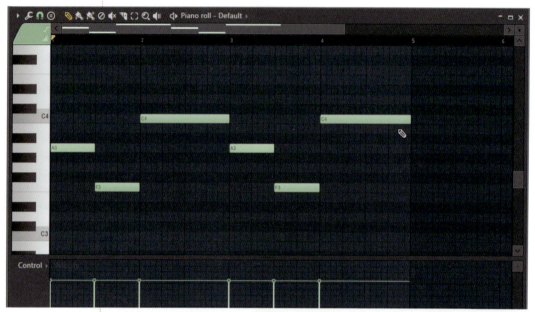

↑ピアノロールが表示されたらベースのフレーズを入力していこう。ウォブルベースの場合、画面のように全音符や2分音符など、少し長めのノートを入力しておくのがポイントだ

↑ベースのパターンが作成できたら、プレイリストに貼り付けておく

Chapter 4 EDM系トラックの作り方 Tips集

↑←続いて、ウネリを入力するための新規パターンを作成しよう。ここでは「Wobble」というパターンを作ってみた

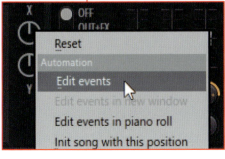

↑←「Sytrus」の「MODULATION」にある「X」を右クリックして、プルダウンメニューから「Automation」→「Edit events」を選択する

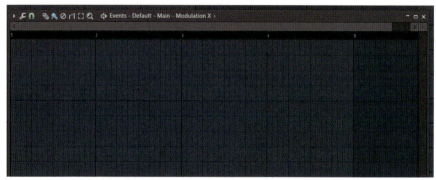
↑空の状態のイベントが表示される

NOTE ③
範囲を指定する際の単位は、イベント画面左上にある「スナップセッティング」に依存する。小節単位で範囲を選択したいときは「Bar」を選ぶといい

↑まずは、ウネリを設定したい範囲を選択しよう。画面上部の小節数の書かれたエリアを右クリックしながらドラッグすると選択できる。なお、選択範囲は画面のように赤く表示される。ここでは1小節目から2小節目の1小節間を指定してみた **NOTE ③**

↑続いて「Tools」メニューから「LFO…」を選択する

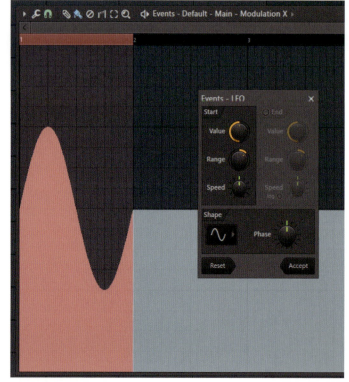

←すると、画面のように「LFO」ダイアログが表示され、LFO（ウネリ）のカーブが作成される

122

Chapter 4 EDM系トラックの作り方 Tips集

←「LFO」ダイアログのパラメーターを動かすことで、様々なウネリを作り出すことができる。画面は「Speed」のツマミを動かし、ウネリの山を2つ作ってみた状態だ NOTE④

NOTE ④

「LFO」ダイアログのパラメーターの詳細は下記の通りだ

・「Value」：ウネリの開始位置を決めるツマミ

・「Range」：ウネリの幅を決めるツマミ

・「Speed」：ウネリの回数を決めるツマミ

・「Shape/Phase」：ウネリの形とウネリの位相を決めるツマミ。Phaseを調整することで、例えば異なる区間に設定した山と谷のカーブをうまくつなぎ合わせられる

※「LFO」ダイアログの「End」を有効にすると、後半のウネリを個別に設定することも可能だ。連続した均等なウネリではなく、時間軸に沿ってウネリに変化を付けたい場合に活用するといいだろう

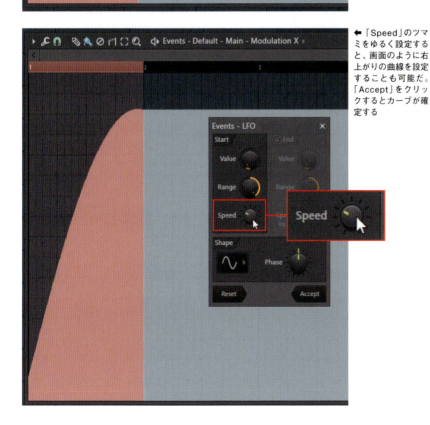

←「Speed」のツマミをゆるく設定すると、画面のように右上がりの曲線を設定することも可能だ。「Accept」をクリックするとカーブが確定する

123

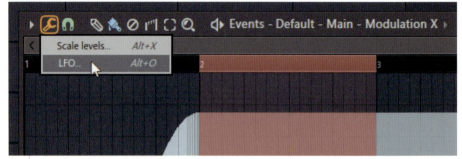

↑同様の手順で、今度は2小節目から3小節目までを選択して、「Tools」メニューから「LFO…」を選ぶ

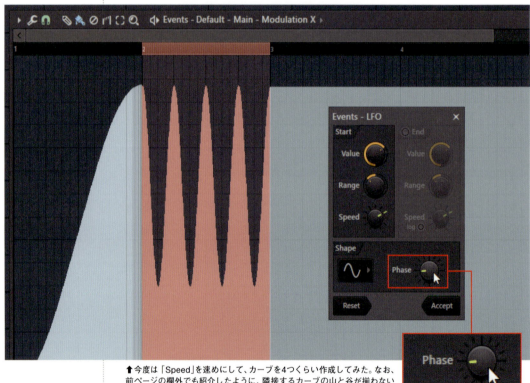

↑今度は「Speed」を速めにして、カーブを4つくらい作成してみた。なお、前ページの欄外でも紹介したように、隣接するカーブの山と谷が揃わない場合は「Phase」ツマミを調整するのがポイントだ

↑続いて、3小節目から4小節目も設定していこう

Chapter 4 EDM系トラックの作り方 Tips集

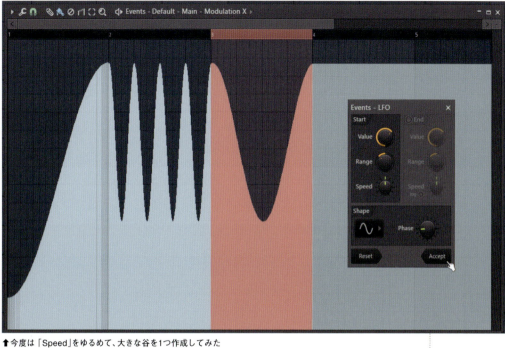

↑今度は「Speed」をゆるめて、大きな谷を1つ作成してみた

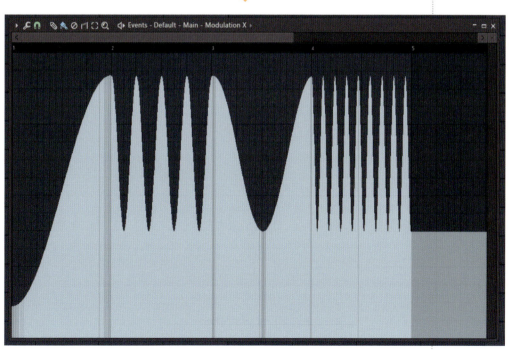

↑同様に、4小節目から5小節目も設定してみよう

↑ウネリのパターンが作成できたら、プレイリストに貼り付ける

↑楽曲を再生すると、ウネリのカーブに合わせて「Sytrus」の「X」ツマミが動く。今回のオートメーションの場合、1小節目は「ブィーン」、2小節目は「ブィン、ブィン、ブィン」、3小節目は「ブゥーゥブ」、4小節目は「ブ、ブ、ブ、ブ、ブ、ブ、ブ、ブ」といった感じのウォブルベースとなる

Chapter 4
EDM系トラックの作り方 Tips集

「スライド」を使ってベースをピッチアップ／ダウンさせる

　FL Studioのピアノロールには、重なった部分の音程を滑らかに移行させる「スライド」が搭載されている。ダブステップ系のトラックでは、このスライドを極端（音程差が広い）に利用したフレーズも多い。ウォブルベースと併用するなど、アイディア次第で面白い効果を生み出すことができる。

※FL Studioの特徴的な「スライド」は、基本的には開発元であるイメージ・ライン製の音源でしか利用できない機能だ

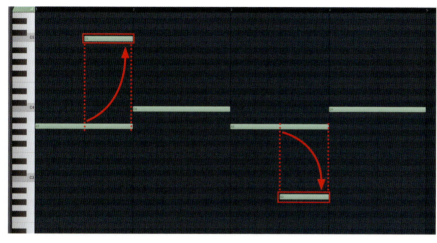

←まずはピッチアップさせたり、ピッチダウンさせたいノートを重なるように入力する

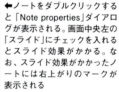

←ノートをダブルクリックすると「Note properties」ダイアログが表示される。画面中央左の「スライド」にチェックを入れるとスライド効果がかかる。なお、スライド効果がかかったノートには右上がりのマークが表示される

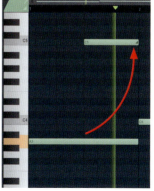

➡楽曲を再生すると、スライド効果に合わせてベースのピッチが上がったり、下がったりする。今回は1オクターブ程度の音程差で解説しているが、FL StudioのSeamlessのデモ曲ではもっと激しい音程差のスライドを聴くことができる。興味のある人はそちらもチェックしてみてほしい

127

「Slicex」で声ネタのカットアップを行なう

CHAPTER 4

声ネタなどのオーディオサンプルを読み込み、瞬時にピアノロールへとマッピング(割り当てる)可能な付属ソフト音源の「Slicex」。ここでは「Slicex」を使って、ボーカルの声ネタ(フレーズ)をカットアップして鳴らすテクニックを解説していこう。

NOTE ①
ブラウザに、素材を収録したフォルダを登録する方法はP.51を参照

↑まず始めに新規のパターンを作成し、チャンネルラックの「+」ボタンから「Slicex」を読み込んでおこう。ここでは「Annie Voice」というパターン名を付けてみた

↑続いて、ブラウザからオーディオファイル(声ネタ)を「Slicex」にドラッグする **NOTE ①**

128

Chapter 4 EDM系トラックの作り方 Tips集

NOTE 2
「Slicex」にサンプルを読み直したり、別のサンプルを読み込みたい場合は「File」メニューから「New」を選択すればいい

↑「Slicex」にサンプルが読み込まれ、波形が細かく分割される。分割された波形には「Marker#1」、「Marker#2」、「Marker#3」・・・のようにマーカーの旗が立てられる **NOTE 2**

←「Marker」単位で分割されたサウンドは、MIDIキーボードに自動的にマッピング（割り当てられる）される。声ネタの場合は、単語ごとに鍵盤で鳴らせるイメージだ

《マーカーの移動》

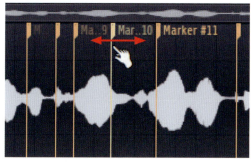

←設定されたマーカーは、左右にドラッグすると位置を移動することができる

《マーカーの削除》

←マーカーを右クリックし、プルダウンメニューから「Delete」を選択するとマーカーを削除することができる

129

↑EDMで使われる声ネタのサンプルは、1オクターブ高い音程で鳴らすことも多い。音程を高く変更したい場合は、左上にあるマスターピッチのスライダーを一番上（+1200 cents）まで上げておこう

↑「Slicex」にサンプルが読み込まれると、パターンにも自動的にノートが設定される。パターンをクリックしてピアノロールを表示してみよう。マーカーで分割された波形が、左から階段状にノートとして配置される

Chapter 4 EDM系トラックの作り方 Tips集

●ノートをチョップする方法

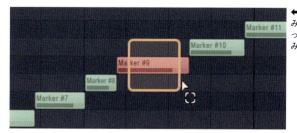

←ノートを選択して変化を加えてみよう。ここでは「タイム♪」と歌っている箇所（ノート）を選択してみた NOTE❸

NOTE❸
「ドロー」ツールを選んでいる場合、Windows＝「Ctrl」、Mac＝「command」キーを押しながらドラッグするとノートを選択することができる

↑「Tools」メニューから「Chop…」をクリックする

↑ダイアログで「Timu mul」のツマミを調整すると、ノートを細切れにすることができる。再生してみると「タ、タ、タ、タ、タ」と発音される

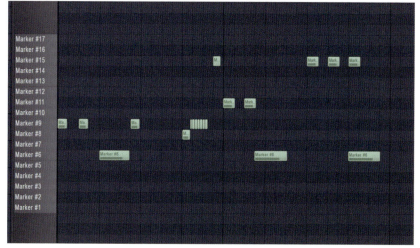

↑ノートの配置を入れ替えたり、連打するなどしてフレーズを変更していこう NOTE❹

NOTE❹
ノートの位置はWindows＝「Alt」、Mac＝「option」を押しながらドラッグすると微調整できる。また、はみ出たノートはスライスツールで16分音符や8分音符といった長さに切って打ち込んでいくといいだろう

131

● ノートにスライドをかける方法

➡ ピアノロールの任意のノートをダブルクリックすると「Note properties」の設定画面が表示される。スライドを設定すると、部分的に音程を上下することができる

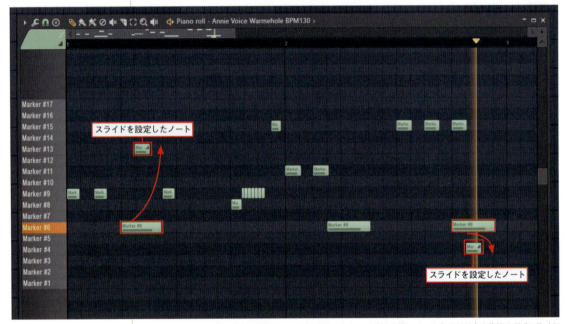

↑スライドは、スライドを設定したノート（音程）に向かって手前の被っている音が上下する仕組みだ（スライドを設定したノートは発音されない）。スライドをかけたい音はロングトーンのもので試すと効果が分かりやすい

● ピッチのオートメーションを使う方法

←続いて、もっと大胆にピッチを変更する方法を紹介しよう。まずは「Slicex」の右上にある「PITCH」の「RANGE」を変更する。ここではレンジ幅を「12」としてみた

Chapter 4 EDM系トラックの作り方 Tips集

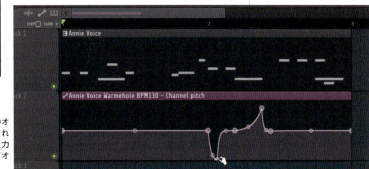

←次に「PITCH」のツマミを右クリックし、プルダウンメニューから「Create automation clip」を選択する

➡プレイリストに、ピッチ変更用のオートメーションクリップが作成されるので、右クリックでポイントを入力し、ポイントを上下させるなどしてオートメーションを設定していこう

⬆楽曲を再生すると、オートメーションに合わせてボイスサンプルの音程が変化する。テープの再生速度を極端に変更させたようなエフェクティブな声ネタの完成だ

133

ループ素材を活用する
（楽曲のテンポに合わせる／編集機能 etc...）

CHAPTER 4

ダンスミュージックの場合、市販のループ素材を活用したり、サンプリングネタを元にフレーズを構築するケースも多いだろう。ここでは、楽曲のテンポと異なるループ素材を楽曲のテンポにマッチさせたり、FL Studioに搭載されている便利なリージョン編集機能について解説していこう。

NOTE①
任意のフォルダ（ループ素材など）をブラウザに登録する方法はP.51を参照

←まず始めにブラウザから使用したいループ素材を選択しよう。FL Studioでは、ブラウザでファイルをクリックすると音がプレビューできる **NOTE①**

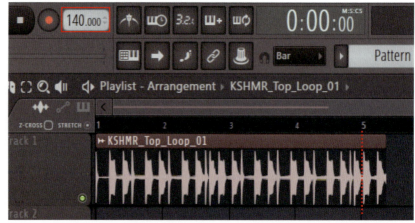

↑プレイリストにドラッグすると波形として配置される。ただし、今回の楽曲のテンポ（140）に対して、ループ素材のタイミングが合っていない状況だ

➡波形の先頭（波のアイコン）をクリックし、プルダウンメニューから「Sample」→「Fit to tempo」を選択する

134

Chapter 4 EDM系トラックの作り方 Tips集

←↑「Tempo detection」のダイアログが表示されるので、元のループ素材のテンポを指定しよう。FL Studioでは、画面のように波形を解析し、概算値 (estimate) も提示してくれる。ここでは「128 (estimated)」をクリックしてみよう

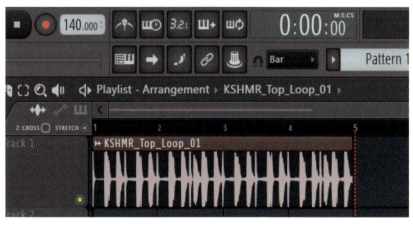

←すると、ループ素材のテンポが自動的に楽曲のプロジェクト (テンポ140) に合った状態に変換される

波形のタイミングを手動で合わせる方法

FL Studioでは、フォーカスモードを「Audio clips」にした状態で「STRETCH」にチェックを入れると、マウスのドラッグ操作で波形を伸縮することができる。波形のタイミングを手動で変更する際に覚えておくといいだろう。

↑プレイリストの画面左上にあるフォーカスモードを「Audio clips」に切り替えて、「STRETCH」にチェックを入れる

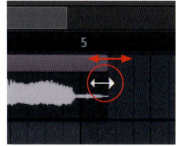

←ドラッグ操作で波形を伸縮することができる。なお、伸縮の単位はスナップメニューで設定した値となる

135

《ループ素材を編集する》

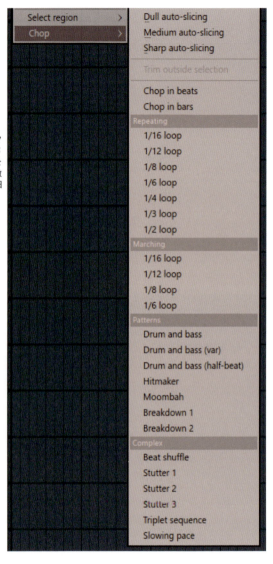

↑→波形の先頭（波のアイコン）をクリックすると表示される「Region」メニューの「Chop」には、ループ素材を活用するうえで便利なコマンドが多数用意されている。主なコマンドの詳細は下記の通りだ

NOTE ②
FL Studioでは、Windows＝「Ctrl」+「Z」、Mac＝「command」+「Z」でひとつ前の状態に、Windows＝「Ctrl」+「Alt」+「Z」、Mac＝「command」+「option」+「Z」で履歴を遡ってアンドゥすることができる。編集したフレーズを元に戻したいときに活用するといい

● **Dull/Medium/Sharp - Slicing（自動検出スライス）**

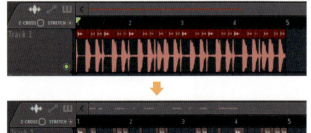

←自動検出スライスを実行すると、感度（Dull：鈍い／Medium：中間／Sharp：高い）に沿って波形がスライスされる。スライスされた波形を並び替えることでフレーズをエデット可能だ。画面は「Sharp - Slicing」を選択した場合 NOTE ②

●Moombah（ムーンバートン）

←Moombahのコマンドを実行すると、ムーンバートン的な雰囲気のあるパターンに変更できる

●Beat shuffle（ビートシャッフル）

←Beat shuffleのコマンドを実行すると、画面のようにビートをランダムに並べ替えることができる

●Stutter 1/Stutter 2/Stutter 3（スタッター1〜3）

←Stutterのコマンドを実行すると、ビートの一部を連打（ダ、ダダダダのようなEDM系でよく聴かれるフレーズ）した状態のループを作成できる。なお、Stutterには3つのタイプが用意されており、それぞれ異なる印象のフレーズが生み出せるのもポイントだ

（Stutter 1の場合）

（Stutter 2の場合）

（Stutter 3の場合）

ボコーダー「Vocodex」を使って ロボットボイスを作る

ボコーダーとは、人間の声（モジュレーター）とシンセサイザー（キャリア）の音色／音程を利用して、ロボットのようなサウンドを合成するエフェクターだ。ここではイメージ・ラインが誇る人気プラグイン「Vocodex」を例に、ボコーダーの基本的な使い方を解説していこう。

NOTE 1
ここではオーディオファイルを使用しているが、「Vocodex」のセットアップが完了していればマイクから入力された声にリアルタイムにボコーダーをかけることも可能だ

↑まず始めに声ネタを用意しよう。今回は8小節のボイスサンプル（「Voice」という名前のオーディオファイル）を使ってみたいと思う。ブラウザでオーディオファイルを選択したら、プレイリストにドラッグすればOKだ **NOTE 1**

←↑続いて、新規のパターンを作成する。ここでは「Vocoder」というパターン名にしてみよう

NOTE 2
ボコーダーサウンドは、キャリアとなるシンセの音色が重要だ。「Vocodex」のセットアップ完了後、音が出せる状態になったらオシレーターなどを変更して自分好みのサウンドを見つけよう

↑→次にチャンネルラックを表示させて、「+」からキャリアとして使う音源を設定しよう。ここでは「3x Osc」をチョイスしてみた **NOTE 2**

138

Chapter 4
EDM系トラックの作り方 Tips集

↑今度はミキサーへのルーティング（割り当てる作業）を設定しよう。今回は声ネタをミキサートラック1、シンセ（3x Osc）をミキサートラック2に割り当てたいと思う

←ミキサートラックの1に「Voice」、トラック2に「3x Osc」がルーティングされる。わかりやすいようにミキサートラックの名称を変えておこう **NOTE③**

NOTE③
任意のミキサートラックを選択して、右クリックメニューの「Rename,color and icon...」を選択するとトラックの名称が変更できる。ここではトラック1を「Voice」、トラック2を「Synth」に変更している

↑続いて、ミキサートラックの3を選択する

↑→スロットをクリックしてプルダウンメニューから「Vocodex」を呼び出す

139

NOTE 4
ここでも「Rename,color and icon...」を使って、トラック3の名称を「Vocodex」に変更している

↓ミキサートラックの3に「Vocodex」が設定され、これでトラック1=「Voice」、トラック2=「Synth」、トラック3=「Vocodex」という状態となる **NOTE 4**

←次に声ネタ（Voice）の信号が「Vocodex」に向くように、トラック1を選択後にトラック3の「▲」を右クリックして、プルダウンメニューから「Route to this track only」を選択する

↑すると、「Voice」と「Vocodex」が結線される

Chapter 4
EDM系トラックの作り方 Tips集

←同様に、シンセサイザー（Synth）の信号が「Vocodex」に向くように、トラック2を選択後にトラック3の「▲」を右クリックして、プルダウンメニューから「Route to this track only」を選択する

↑「Synth」と「Vocodex」が結線される

➡最後に「Vocodex」の「MOD（モジュレーション）」と「CAR（キャリア）」に、ミキサートラックの該当番号を設定しよう。今回は、ミキサートラック1に声ネタ（モジュレーション）、ミキサートラック2にシンセサイザー（キャリア）をルーティングしたので、「MOD」＝「1」、「CAR」＝「2」としている

141

↑準備ができたら、楽曲を再生してみよう。ボコーダーの場合、再生しただけでは音は出ない。チャンネルラックでキャリアとなるシンセ（ここでは「3x Osc」）を選択し、MIDIキーボードなどを弾きながら再生するのがポイントだ

↑「3x Osc」を右クリックして、プルダウンメニューから「Piano roll」を選択する

Chapter 4
EDM系トラックの作り方 Tips集

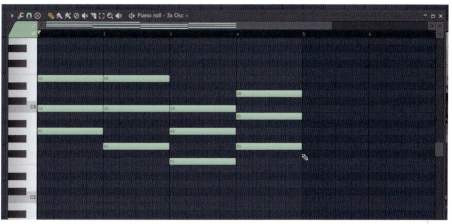

↑ピアノロールが表示されたら、ボコーダーとして演奏したいメロディーやコードを入力しよう

↑パターンが作成できたら、プレイリストに貼り付けて楽曲を再生しよう。前述した通り、ボコーダーの音色はキャリアとなるシンセサイザーによっても変わる。オシレーターなどを変更して、自分好みのサウンドを見つけよう

ライザー系サウンドの作り方

CHAPTER 4

「ヴァース」→「ビルドアップ」→「ドロップ」という構成の多いEDM系トラック。一番の盛り上がりを見せる「ドロップ」の前には、シンセなどで作った上昇効果（ライザー系サウンド）が入るのが定番だ。ここでは、基本的なライザー系サウンドの作り方を紹介しよう。

● 「3x Osc」のLFOを活用する方法

↑新規のパターンを作成し、チャンネルラックに「3x Osc」を読み込む。ここでは「Riser 1」というパターンを作成してみた

←オシレーターで音色を決めていこう。ライザー系のサウンドには、輪郭のはっきりしたサウンドを用いることが多い。ここでは「SAW波形（ノコギリ波）」を選択してみよう

↑続いて、「Envelope / instrument setting」ボタンをクリックする

144

Chapter 4 EDM系トラックの作り方 Tips集

←「Envelope / instrument setting」画面が開いたら、「Pitch」をクリックする

➡続いて、サウンドが「ウィーーーン」という感じで上昇していくように、LFOセクションの「ATT」、「AMT」、「SPEED」のパラメーターを調整して、画面のように大きな山なりのカーブを設定しよう。鍵盤を長押ししながらサウンドを確認するといいだろう

NOTE①
「ATT（アタックタイム）」で上昇効果の始まり方、「AMT（アマウント）」でウネリの量、「SPEED」で揺れのスピードが調整できる

←サウンドの準備ができたら、チャンネルラックの「3x Osc」を右クリックしてプルダウンメニューから「Piano roll」を選択する

145

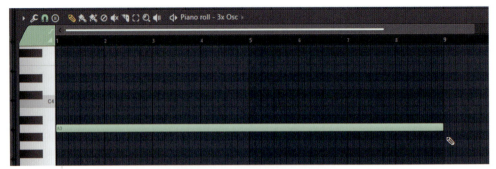

↑上昇効果を出したい小節数分のノートを入力する。今回は8小節のライザーサウンドを作ってみよう

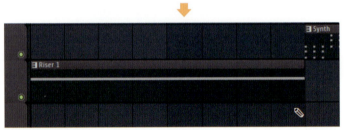

↑ノートが入力できたら、パターンをプレイリストに貼り付ける

↑「再生」ボタンを押すと、「3x Osc」を使ったライザーサウンドが再生される

Chapter 4 EDM系トラックの作り方 Tips集

● スライドを活用する方法

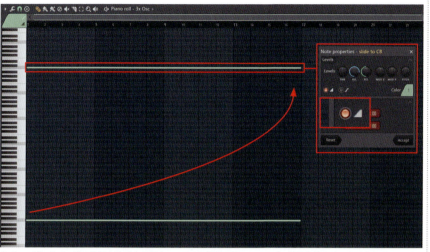

↑イメージ・ライン製の音源を使用する場合、スライド機能を使ってライザー効果を演出する方法も簡単でオススメだ。ライザー効果の始まる低い音程（ノート）と、ライザー効果の終わる高い音程（ノート）を入力し、高い音程のノートをダブルクリックして、表示されるエディター画面でスライドを有効にすればいい

「Sylenth1」でライザーサウンドを作る方法

ライザーサウンドは、人気のサードパーティー製音源「Sylenth1」でも簡単に作ることができる。作り方は以下の通りだ。

↑「Sylenth1」を起動したら音色を選ぼう。今回は何も設定されていない音にするために、まずは「Menu」から「Clear」を選択する

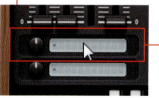

↑続いて、「MOD ENV 1」のプルダウンメニューから「Pitch AB」を選択する

↑「Pitch AB」の「Am（アマウント）」ツマミを少し左側に回し、「D（ディケイ）」のスライダーを上げていく。後は鍵盤を押しながら、上昇効果を微調整していくだけだ

※オシレーター1の「OCTAVE」を「+3」にすると、さらに強い上昇感を表現することができる

●ホワイトノイズ+EQ（フィルター）を利用する方法

↑EDM系の楽曲では「シューワーワーワー」というホワイトノイズとフィルターを利用したライザーサウンドもよく耳にする。こういったサウンドをFL Studioで表現する場合は、まずチャンネルラックに「3x Osc」を読み込んで、オシレーターからホワイトノイズをチョイスしよう（ここでは新規に「Riser 2 WN（ホワイトノイズ）」というパターンを作り、解説していこう）

←音源の準備ができたら、チャンネルラックの「3x Osc」を右クリックしてプルダウンメニューから「Piano roll」を選択する

↑続いて、上昇効果を出したい小節数分のノートを入力しよう。今回は8小節のホワイトノイズに設定してみた

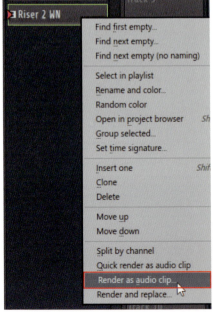

➡次に作成したパターンを右クリックしてプルダウンメニューから「Render as audio clip」をクリックする

148

Chapter 4
EDM系トラックの作り方 Tips集

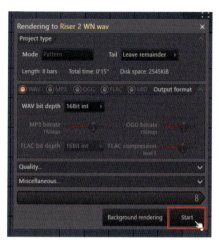

←オーディオの書き出し画面が表示されるので「Start」ボタンを押す

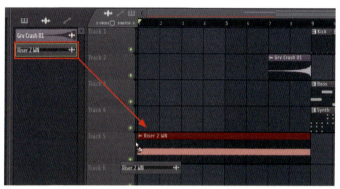

↑すると、ピッカーリストに、「Riser 2 WN」という名前のホワイトノイズ（オーディオクリップ）が書き出されるので、ライザー効果を演出したい位置に配置する

↑続いて、フィルターをかける手順を紹介していこう。まずはオーディオをダブルクリックすると表示されるエディター画面でミキサーのルーティングを設定していく。今回はホワイトノイズをミキサーのトラック15に割り当てて、EQのフィルターを使ってみよう

↑→ミキサーのトラック15を選択した状態で、エフェクトの空きスロットから「Filter」→「Fruity Parametric EQ 2」を指定する

149

→↓「Fruity Parametric EQ 2」が表示されたら、バンド1を右クリックして、「Type」→「High pass（ハイパスフィルター）」、「Order」→「Step8（ライザー効果を強く演出できるキツメのカーブ）」を指定する

NOTE ①

ホワイトノイズのオーディオクリップをダブルクリックすると表示されるエディター画面の「MOD X（カットオフ）」と「MOD Y（レゾナンス）」のツマミをオートメーション化してライザー効果を演出するといった方法もある

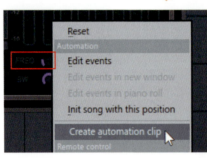

←バンド1の「Freq（紫のツマミ）」を右クリックして、プルダウンメニューから「Create automation clip」を選択する

↑プレイリストに表示されたオートメーションクリップに右肩上がりのカーブを設定しよう。すると、ホワイトノイズの低域が徐々にカットされるライザーサウンドが再生される　NOTE ①

Chapter 4
EDM系トラックの作り方 Tips集

楽曲の音圧をアップさせる方法

重低音のキックやベース、シンセリードなど、EDM系のトラックでは楽曲の音圧感で曲の印象が大きく左右される。ここでは、FL Studioに搭載されている「Maximus」と「Soundgoodizer」を例に、マスタートラックに最適なエフェクトの活用法を紹介しよう。

↑まずは「View mixer（ビューミキサー）」ボタン、または「F9」キーを押してミキサーを表示させる

↑続いて、マスタートラックを選択する

↑➡FX Slotをクリックして、プルダウンメニューから「Maximus」を選ぶ

151

NOTE ①
「I」ボタンを押すとインプット状況、「O」ボタンを押すと加工後のアウトプット状況が表示される

NOTE ②
「Maximus」の「▼（オプション）」メニューには、様々なプリセットも用意されている。マスタートラック用の「Mastering」、トラック向けの「Insert」など、カテゴリーごとにプリセットが選べるのもポイントだ

↑「Maximus」が起動したら楽曲を再生してみよう。「Maximus」は音圧を持ち上げるマキシマイザー（コンプレッサー／リミッター）で、紫の波形や線で入力音、緑の波形や線で加工後のサウンドが確認できる。基本的にはゲインの「PRE」ツマミでインプットレベルを大きくし、最終的に「0dB」まで音をギュッと圧縮して使うイメージだ。最初は入力音の「I」と最終的に出力される音「O」のみを有効にしておくと理解しやすいだろう **NOTE ①**
NOTE ②

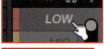

↑「Maximus」では、「LOW（低域）」、「MID（中域）」、「HIGH（高域）」の帯域を個別に調整することもできる。画面は低域の「LOW」をクリックした状態だ。なお、「Solo」ボタンを有効にすると、各帯域をソロ状態でモニターできる

↑「LOW」、「MID」、「HIGH」の帯域は「FREQ」で細かく範囲を設定できる。画面は「LOW」の帯域（範囲）を大きくしてみたところ

➡表示を「MONITOR」から「BANDS」に切り替えると、設定した3つの周波数帯域を視覚的に見ることもできる

152

Chapter 4
EDM系トラックの作り方 Tips集

↑続いて、FL Studioに搭載されているもう1つのオススメプラグイン「Soundgoodizer」を紹介しよう

↑「Soundgoodizer」は「Maximus」を元に開発されたマキシマイザー/エンハンサープラグインで、「A」~「D」でサウンドキャラクターを選び、中央のノブで効果を調整する仕組みだ。音圧をアップさせるというより、ローとハイを軽く持ち上げてサウンドの輪郭をハッキリとさせる感じだ

←中央の大きなノブは原音とSoundgoodizerの効果をブレンドするためのもので、左に振り切ると0%（原音のみ）、右に振り切ると100%（処理後の音のみ）となる。画面右はサウンドキャラクターの「B」を選んでみたところ。どのサウンドが好みかは自分自身でチェックしてほしい

153

「ZGameEditor Visualizer」で YouTube用のPVを作る

FL Studioでは、マスタートラックに付属エフェクトの「ZGameEditor Visualizer」をかけることで、オーディオ＋映像付きの作品を書き出すことができる。ここでは、YouTube用のPV素材を作成するベーシックなノウハウと手順を解説していこう。

NOTE①
「Plugin Picker」で選択した「ZGameEditor Visualizer」をマスタートラックに直接ドラッグ＆ドロップしてもいい

↑➡まず最初にマスタートラックを選択して、エフェクトの空きスロットから「ZGameEditor Visualizer」を呼び出そう
NOTE①

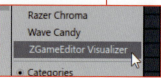

↑すると「ZGameEditor Visualizer」の各種設定用のエディター画面（左）と映像のプレビュー用の画面（右）が表示される

Chapter 4
EDM系トラックの作り方 Tips集

←次に映像で使用する素材を登録していこう。素材を登録するには、上部のタブを「Add content」に切り替え、画像やテキストなどを順番に読み込んでいく必要がある。ここでは、静止画の素材を登録するために「Images」→「Add pictures」をクリックしてみよう

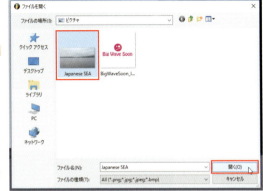

↑ファイルを検索するウィンドウが表示されたら、希望の素材を選択して「Open」をクリックする。ここでは映像の背景用に使う写真素材として準備した海の写真「Japanese SEA.jpg」を選んでみた

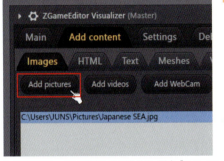

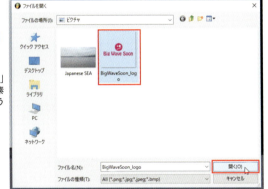

↑→複数のファイルを登録したい場合は、再度「Add pictures」をクリックして別の素材を追加すればいい。ここでは、ロゴの素材として用意した「BigWaveSoon_logo.png」も登録しておこう
NOTE❷

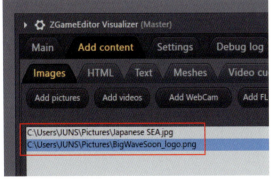

↑素材を登録すると、画面のようにパス（格納場所）が表示される

NOTE❷

「ZGameEditor Visualizer」では、静止画のファイル形式として「.jpg」や「.png」が利用できる。背景で利用する素材は「.jpg」形式で構わないが、ロゴを切り抜いた状態で利用したい場合は、Adobe Photoshop（画像編集ソフト）などを用いて背景色のないレイヤーの上にロゴをデザインした「.png」形式のファイルを用意しよう。ファイルのカラーモードをRGB、解像度を72dpiあたりにしておくのもポイントだ

155

↑では、上部のタブを「Main」に切り替えて、映像の表示／再生方法を決めていこう。今回は最背面に静止画を配置したいので、まず「A」のメインタブをクリックして「Image Effects」→「Image」を選択する

←すると「A」の「IMAGE SRC」のプルダウンメニューから先ほど登録した静止画が選択できるようになるので、「Japanese SEA.jpg」を選ぶ

↑プレビューに背景画像が表示されるので、「Size」のスライダーなどを使って、ちょうどよく配置されるように調整しよう

Chapter 4
EDM系トラックの作り方 Tips集

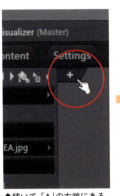
↑続いて「A」の右端にある「+」をクリックして、2つ目のレイヤー「B」を作成する
NOTE 3

↑「B」のメインタブをクリックして「Image Effects」→「Image」を選択しよう

NOTE 3
複数作成したレイヤーは、レイヤーの右上端にある「▶（レイヤーメニュー）」で、レイヤーの位置（順番）を後から入れ替えることができる

←「B」の「IMAGE SRC」のプルダウンメニューから静止画が選択できるようになるので、登録していた「BigWaveSoon_logo.png」を選ぶ

↑すると、背景画像の上にロゴの素材「BigWaveSoon_logo.png」が表示される

➡「A」の背景画像同様、「Size」のスライダーなどを使ってロゴの大きさ（表示サイズ）を調整していこう

157

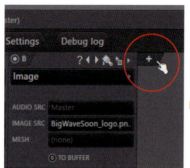
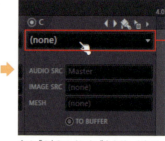

NOTE 4
「Peak Effects」のカテゴリーには、オーディオのピークに合わせてヴィジュアルが自動的に変化する様々な素材が用意されている。「Polar」は円状の形をしたグラフィック素材で数多くのEDM系のPVで使用されている

↑今度は「B」の右端にある「+」をクリックして、3つ目のレイヤー「C」を作成しよう

↑→「C」のメインタブをクリックして、「Peak Effects」のカテゴリーから「Polar」を選択する **NOTE 4**

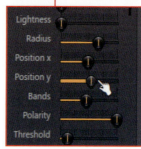

NOTE 5
新たなレイヤーを作成し、メインタブから「Postprocess」→「AudioShake」を選択すると、オーディオに合わせて映像全体を揺らすこともできる。動きの強さは「Amount」のスライダーで調整しよう

↑←ロゴの周りに「Polar」のグラフィックが表示され、楽曲を再生すると、音に反応してグラフィックが上下に連動して動き出す。グラフィックの大きさや動きの強さは「Polarity」や「Radius」などのスライダーで調整していこう **NOTE 5**

158

映像に歌詞を付ける方法

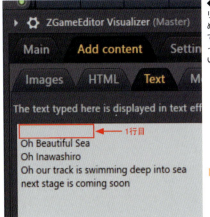

←まずは「Add content」から「Text」をクリックして、テキスト入力エリアにあらかじめ歌詞を入力しておく。なお、映像に合わせて表示させる歌詞の文量は「行単位」となっているので、あまり1行に長文を入力しないことをオススメする **NOTE⑥**

NOTE⑥
あえてテキスト入力エリアの1行目を空白にしておくと、スライダーを一番左にした際に歌詞が表示されない状態を作ることができる

←↑上部のタブを「Main」に切り替え、新規にレイヤーを作成し、メインタブに「Text」→「TextDraw」を選択する

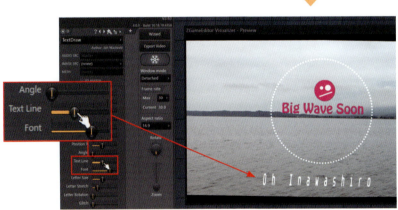

←パラメーターの「Text Line」のスライダーを左右に動かすことで、表示させるテキストの行数が指定できる。例えば、スライダーが一番左の位置では1行目の歌詞が表示される。この「Text Line」のスライダーの位置をオートメーション化させることで、曲に合わせて歌詞を表示させることができるのだ。歌詞の表示位置やサイズなどは「Size」「Position」などのパラメーターで調整しておこう **NOTE⑦**

NOTE⑦
「Text Line」のスライダーで希望の歌詞を表示した後、右クリックメニューから「Copy Value」を選択し、オートメーションクリップの任意の位置で右クリックメニューから「Paste Value」を実行すると、音楽に合わせて歌詞が付けやすい。また、オートメーションの変更点と変更点の間をうまくつなげるために、オートメーションのポイントを「Hold」モードにしておくといい

↑「Text Line」を右クリックし、「Create automation clip」を選択するとプレイリストにオートメーションクリップが表示される。ここに歌詞を表示するタイミングを入力すればいい **NOTE⑧**

←映像が完成したら「Export Video」をクリックしよう

➡書き出し先を選択するダイアログが表示されたら、書き出し先とファイル名を設定して「保存」ボタンを押す。今回はデスクトップに「BigWaveSoon MV」という映像ファイルを書き出してみたいと思う

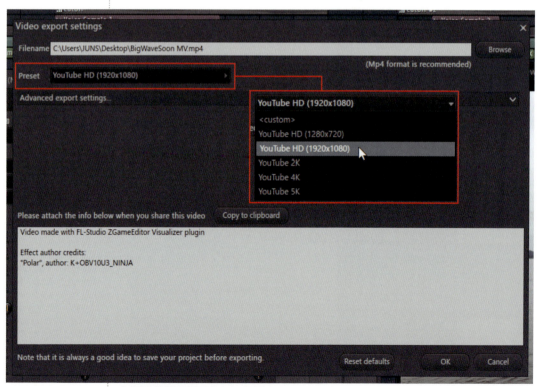

↑書き出す映像の仕様を設定する画面が表示されるので、「Preset」や「Advanced export settings…」を設定していこう。「Preset」のプルダウンメニューにはYouTube用の各種プリセットが用意されている。ここでは「YouTube HD（1920×1080）」をチョイスしてみた

Chapter 4
EDM系トラックの作り方 Tips集

←「Advanced export settings…」をクリックすると、書き出す映像のエンコード形式、ビットレートなどが細かく設定できる。映像の音質を上げたい場合は、「Audio bitrate」のレートを高くすればいい

↑➡「OK」ボタンを押すと、今度はオーディオの書き出し設定画面が表示される。「WAV」などを選択して「START」ボタンを押そう

↑➡ファイルの書き出しが完了すると、楽曲（オーディオファイル）と、映像ファイル（オーディオ＋映像）の2つのファイルが作成される。後はYouTubeにログインして、自分のアカウントに映像ファイルをアップロードするだけだ

161

CHAPTER 4 サードパーティー製VST音源を活用する
(Sylenth1 / Nexus2 / Spire etc...)

FL STUDIO 20 BOOK

EDM系のトラックでは、音源や音色選びはフレーズを考えるうえで最も重要なファクターと言える。FL Studioにも優秀な音源は搭載されているが、ここではサードパーティー製ソフトの登録方法や呼び出し方について紹介していこう。

←サードパーティー製の音源やエフェクトのインストールが済んだら、「OPTIONS」メニューから「Manage plugins」を選択する

NOTE 1
「Start scan」のボタンを押すと、インストールした音源やエフェクトが格納されているフォルダがスキャンされて、FL Studioのブラウザから音源やエフェクトを呼び出して使用できるようになる。

↓Plugin Managerの画面が表示されるので、画面左上にある「Start scan」をクリックする **NOTE 1**

NOTE 2
インストール先のフォルダがない場合は、「Plugin serch paths」の左にあるボタンでフォルダを追加登録することができる

●Windowsの場合

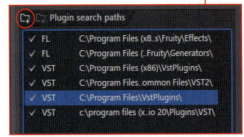

↑「Start scan」の下には、スキャンするフォルダのリストが表示されている。P.46で紹介した「Spire」のインストール先の「Program Files」→「VstPlugins」フォルダもあらかじめ登録されている **NOTE 2**

●Macの場合

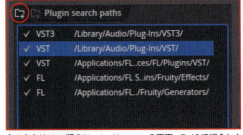

↑こちらはMac版のPlugin Managerの画面。P.46で紹介したMac版VST「Spire」のインストール先の「ライブラリ」→「Audio」→「Plug-Ins」→「VST」フォルダもあらかじめ登録されている **NOTE 2**

162

Chapter 4 EDM系トラックの作り方 Tips集

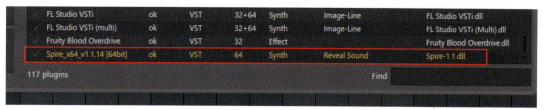

↑スキャンが完了すると、インストールしたサードパーティー製の音源やエフェクトが黄色い文字でリストアップされる

← サードパーティー製の音源やエフェクトはブラウザの右端にある「Plugin database」ボタンをクリックすると表示される「Installed」の中から呼び出すことができる NOTE❸

NOTE❸
インストール直後の音源には、黄色い文字で「N」のマークが付く。なお、音源によってはプロジェクトやコンピュータを再起動しないと使えないものもあるので注意しよう

↑サードパーティー製の音源は、FL Studio付属の音源同様、チャンネルラックにドラッグして使用すればいい

163

EDM系トラックにオススメのサードパーティー製音源&エフェクト

シンセリードやベースなど、EDMの生命線とも呼べるパートに何を使うか？　最終の2ミックスをどのような音質や音圧にするか？　それはクリエイターにとって、楽しくも悩ましい問題の1つだ。ここで紹介するサードパーティー製の音源やエフェクトはプロにも愛用者の多いものばかり。ぜひとも自分にぴったりの相棒を見つけてほしい。

LennarDigital（レナー・デジタル）
● 「Sylenth1」
URL：http://www.lennardigital.com
（ダウンロード販売のみ）

2006年にオランダで誕生したレナー・デジタルというブランドの創設者であるレナード氏が手掛けたソフトシンセ音源（サイレンス・ワン）。1つの画面で音作りのすべてが行なえるのが特徴で、ベース、リード、プラックなど、カテゴリーごとに即戦力の音色が用意されている。今、EDM系で最も人気のある音源だ。

reFX（リフェックス）
● 「Nexus2」
URL：https://refx.com/home/
（ダウンロード販売のみ）

トランス系のリードや映画で聴かれる壮大なパッドサウンドなど、高音質なプリセットを装備したカナダブランドのPCM音源（ネクサス・ツー）。アナログシンセのような音作りには不向きだが、プリセットですぐに始められるのが魅力。ハウスやEDMなど、数多くの「Expansions（拡張プリセット）」も別売されている。

XFER RECORDS（エックスファー・レコーズ）
● 「SERUM」
URL：http://sonicwire.com/product/99927
問：クリプトン・フューチャー・メディア㈱

圧倒的な存在感と操作性を誇るウェーブテーブル・シンセ音源。2つのオシレータ+サブ・オシレータ、ノイズ・オシレータ、フィルター・モジュール、エフェクト・モジュール、LFO、LFO的に使えるエンベロープなどを装備し、EDM／ダブステップにおける分厚く攻撃的なウォブルベースやグロウル、Pluckサウンドなどを生み出すことができる。

Chapter 4 EDM系トラックの作り方 Tips集

Reveal Sound（リビール・サウンド）
●「Spire」
URL：https://dirigent.jp/product/reveal-sound/spire/
問：㈱銀座十字屋 ディリゲント事業部

2013年5月に発売され、瞬く間に世界中のEDMクリエイターから絶賛されることになったソフトシンセ音源（スパイア）。「Spire」自体にも数多くの音色が用意されているが、別売のライブラリーも秀逸で、EDM、ハウス、ダブステップ、トランスはもちろん、メルボルン系のマニアックなものもある。

UVI（ユーブイアイ）
●「FALCON」
URL：https://www.uvi.net/jp/falcon.html
問：UVI Japon

フランスのUVIが開発したハイブリッドインストゥルメント。サンプルとシンセシスの両方を扱うことができ、強力なモジュレーションと80以上の高品位なエフェクトを装備しているのが特徴。別売の拡張音源ライブラリも豊富で、ダンスミュージックにはエレクトロニックな140のプリセットを収録した「Spectre（スペクトル）」をオススメしたい。

Native Instruments（ネイティブ・インストゥルメンツ）
●「MASSIVE」
URL：http://www.native-instruments.com/jp/
問：ネイティブ・インストゥルメンツ・ジャパン㈱

ダブステップ系のEDMにおいて人気ナンバー1と言っても過言ではない定番のソフト音源（マッシブ）。「グロウルベース」や「ウォブルベース」と呼ばれる攻撃的でウネリのあるフレーズに加えて、力強いリードサウンドや効果音なども自在に生み出すことが可能だ。

165

Vengeance Sound（ベンジェンス・サウンド）
●「VPS Phalanx」
URL：http://www.vengeance-sound.com/
（ダウンロード販売のみ）

ハウス／ダブステップ系のサウンドを網羅したマルチティンバー音源（VPSファランクス）。キック、ベース、FXといったプリセット（サンプル）を読み込み、すぐに曲作りが始められる。ピッチの変更をグラフィカルに設定することが可能で、エフェクトやEQなども装備されている。

AcousticSamples
（アコースティックサンプルズ）
●「GD-6 Acoustic Guitar」
URL：http://www.fomis.jp/gd-6.html
問：FOMIS Soundwares LAB

※この音源を利用するには、別途「UVI Workstation 2（無償）」か「Falcon」が必要になります

カスタムエディションの「Guild D-40」を元にしたエレクトリック・アコースティックギター音源。メロディー演奏に適したソロモード、ストラムやピッキング演奏に便利なコードモード、ストラミングまたはピッキングのパターン演奏が可能なパターンモードなどを装備し、限りなく生に近いギターフレーズをダンスミュージックに取り入れることができる。なお、同社では同系統の製品でストラトタイプの「Strategy」もあり、そちらにも注目だ。

Spectrasonics（スペクトラソニックス）
●「Trilian」
URL：http://www.minet.jp/brand/spectrasonics/trilian/
問：㈱メディア・インテグレーション

数多くのプロが愛用していることでも有名な、ベースに特化したソフト音源（トリリアン）。フィルターやアルペジエーターなどを駆使して存在感のあるベースフレーズを生み出すことができる。シンセベースはもちろん、生ベースのサウンドクオリティの高さにも定評がある。

Chapter 4
EDM系トラックの作り方 Tips集

iZotope（アイゾトープ）
●「Ozone」
URL：http://www.tacsystem.com/products/izotope/ozone7stdadvelements.php
問：タックシステム㈱

　2ミックスの音質や音圧の調整に威力を発揮するプラグイン。EQ、マキシマイザー、エキサイター、ダイナミクス、エキサイター、ステレオイメージングといったマスタリングに必要なエフェクトを装備しており、ビジュアル的に音を判断しやすいのも特徴だ。また、ダンス系に最適なプリセットもあらかじめ用意されているので、入門者はそこから試してみる手もありだろう。

fabfilter（ファブフィルター）
●「Pro-C2」
URL：https://dirigent.jp/product/fabfilter/pro-c2/
問：㈱銀座十字屋 ディリゲント事業部

　ボーカル、マスタリング、EDMポンピングといった計8種類のスタイルを搭載したコンプレッサープラグイン。サウンドを先読みするルックアヘッド機能、サイドチェインEQ、カスタマイズできるフィルター、アタックやリリースのカーブ調整機能などを装備しており、コンプを通す前の入力音と適用後の音を大きなグラフィックで確認しながら作業できるのも特徴だ。

fabfilter（ファブフィルター）
●「Pro-Q2」
URL：https://dirigent.jp/product/fabfilter/pro-q2/
問：㈱銀座十字屋 ディリゲント事業部

　革新的なインターフェイスを搭載したEQプラグイン。大きなディスプレイで24のバンドを設定できる他、スペクトラムアナライザーでピークを掴むようにサウンドを調整可能な「Spectrum Grab」、ベル、ノッチ、ハイ/ローシェルフといった6種類のフィルタータイプ（最高96dB/octのカーブをサポート）を装備。問題のある周波数を特定するソロモードや、ピアノロール・ディスプレイでEQの周波数帯域をノートにクオンタイズさせる機能なども搭載されている。

167

cableguys（ケーブルガイズ）
● 「Nicky Romero kickstart」
URL：https://www.kickstart-plugin.com/
（ダウンロード販売のみ）

世界的に人気のあるオランダのDJ・プロデューサー、ニッキー・ロメロ氏が手掛けたプラグイン。少し設定に手間のかかるサイドチェイン・コンプの効果を、オーディオトラックにインサートするだけで再現できるのが特徴。画面下段に用意された16種類のカーブから音の変化イメージを選択すれば、後は楽曲を再生するだけでテンポに同期したサイドチェイン・コンプの効果を得ることができる。EDM系のトラックでは、ベースやシンセリードの定番とも言える人気＆お手軽エフェクターだ。

XFER RECORDS（エックスファー・レコーズ）
● 「LFOTOOL」
URL：http://sonicwire.com/product/99928
問：クリプトン・フューチャー・メディア㈱

「SERUM」を開発したXFER RECORDSによるプラグイン。オーディオトラックにインサートすることで、トレモロ、オートパン、トランスゲート、サイドチェイン・コンプの効果を与えることができる。Future Bass特有の小刻みに揺れるシンセやダブステップのウォブルベースなどに最適で、様々なシーンで使えるプリセットも数多く用意されている。

Vengeance Sound（ベンジェンス・サウンド）
● 「VPS Tape Stop」
URL：http://www.vengeance-sound.com/
（ダウンロード販売のみ）

テープを使った録音時のアクションを擬似的に再現できる、ピッチシフト系のプラグイン。中央の「STOP」をクリックすると、テープを止めたときの効果を演出でき、EDM系のトラックではドロップ前のブレイクなどに使われることも多い。なお、プリセットにはターンテーブルのスタート／ストップを演出するようなものもあり、アイディア次第でかなりユニークな効果・サウンドが生み出せるのでは!?

CHAPTER 5　FL Studioをさらに使いこなす

楽曲で「マーカー」を活用する方法
（マーカーの追加／移動 etc...）

CHAPTER 5

FL Studioでは、「Intro」や「Verse」、「Chorus」、「Ending」といったマーカーを設定することで、任意のマーカーに素早く移動したり（キーボードのショートカット操作で行なう）、マーカー間をスキップするなど、様々なことができる。楽曲の構成を練る際にも重宝する機能だ。

↑→プレイリスト上部の小節番号が表示されているところでWindows＝「Alt」+「T」、Mac＝「option」+「Z」を押すと、マーカーが挿入される。まずは「Intro」というマーカーを設定してみよう **NOTE①**

NOTE ①

マーカーは、プレイリストのオプションメニューから「Time markers」→「Add one」からも作成できる。ちなみに、英語では「Aメロ」を「Verse（ヴァース）」、「サビ」を「Chorus（コーラス）」と呼ぶケースが多く、EDM系のトラックでは、「Verse」や「PreChorus」、「Buildup（ビルドアップ）」、「Drop（ドロップ）」などの言葉が用いられることもある

↑1つ「マーカー」が設定されると、後は任意の小節位置にマーカーが設定できる。画面は5小節目にカーソルを持ってきたところだ

↑右クリックして「Add maker」を選択するとマーカーが設定できる

↑→ここでは「A Verse」というマーカーを設定してみた

170

Chapter 5 FL Studioをさらに使いこなす

↑同様の手順で、楽曲の構成に合ったマーカーを設定していこう。マーカーが設定されると、下記で紹介するショートカット操作で簡単に再生ポジションを移動できるようになる **NOTE②** **NOTE③**

《マーカーの移動》

↑Windowsではテンキーの「.」、または「Alt」と「＊」を押すと、次のマーカーに移動できる

↑1つ前のマーカーに戻したいときは「Alt」と「/」を押せばいい

《マーカーの範囲選択移動》

↑Windowsでは「Ctrl」と「.」、または「Ctrl」を押しながら「Alt」と「＊」、「Ctrl」を押しながら「Alt」と「/」を押すと、画面のように区間選択した状態でマーカーを移動することもできる

NOTE②
タイムバー（小節数が書かれている部分）で範囲を選択している場合、Windows＝「Alt」＋「T」、Mac＝「option」＋「T」を押すと選択範囲の先頭にマーカーが挿入される。選択範囲がない場合はプロジェクトの先頭にマーカーが設定される

NOTE③
設定したマーカーは、左右にドラッグすると後からでも自由に位置を移動できる（移動単位はスナップメニューで選択した値となる）。また、右クリックで「Delete」を実行すると削除することもできる

171

NOTE ④

マーカーに設定したアクションは、右クリックメニューで「None」を選択すると解除できる

《マーカーの活用テク》

➡各マーカーは、右クリックすると表示されるプルダウンメニューから様々な機能（アクション）を割り当てることができる。アクションにはマーカー間をスキップするコマンドなども用意されており、曲の構成を練る場合に活用するといいだろう NOTE ④

● Maker loop（マーカー間をループ再生）

↑「Maker loop」を有効にした場合、画面のようにマーカー区間をループ再生することができる

● Maker skip（マーカー間をスキップする）

↑「Maker skip」を有効にした場合、画面のようにマーカー区間がスキップされる

172

Chapter 5
FL Studioをさらに使いこなす

●Maker pause（マーカーで一時停止する）

↑「Maker pause」を有効にした場合、マーカーの位置で再生が一時停止される

●Start（マーカーを1小節目に設定する）

↑「Start」にチェックを入れた場合、指定したマーカーを1小節目に変更することができる。画面は9小節目の「Chorus」を1小節目に変更してみたところだ

NOTE 5
右クリックメニューで「Place loop」を実行しても、マーカー以降を繰り返し再生することができる

●Loop（マーカー以降を繰り返し再生する）

↑「Loop」にチェックを入れると、そのマーカー以降を繰り返し演奏することができる。デモ演奏などを繰り返し再生する際に有効なコマンドだ **NOTE 6**

173

パターンやプレイリストの「拍子」を変更する方法

CHAPTER 5

FL Studioは、バージョン20からパターンやプレイリストの「拍子（Time Signature）」をデフォルトの4/4拍子以外に変更できる機能が新搭載されている。ここでは、パターンとプレイリストそれぞれの拍子の変更方法を紹介していこう。

●パターンの拍子を変更する方法

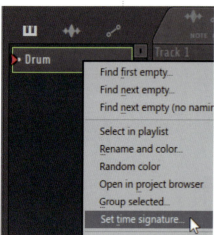

← 作成したパターンを右クリックすると表示されるプルダウンメニューから「Set time signature...」をクリックする。今回は「Drum」というパターンの拍子を変更してみよう

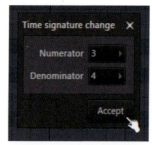

↑→「Time signature change」のダイアログが表示されるので、Denominator＝分母、numerator＝分子に希望の拍子を入力する。ここでは「3/4」拍子を設定してみた

↑→すると、ピアノロールに「3/4」の拍子が表示され、3/4拍子のフレーズが作成できるようになる。ただし、プレイリストの拍子はデフォルトで「4/4」拍子なので、プレイリストの拍子も変更する必要が出てくる

Chapter 5
FL Studioをさらに使いこなす

●プレイリストの拍子を変更する方法

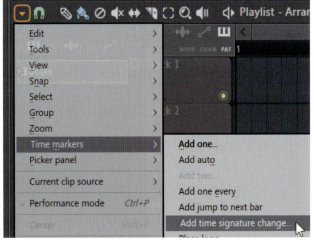

↑プレイリストの拍子は、プレイリストのオプションメニューの「Time marker」→「Add time signature change...」で新規に設定することができる

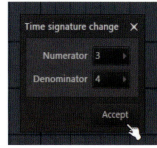

↑「Time signature change」のダイアログが表示されたら希望の拍子を設定しよう。ここでは、「3/4」を設定してみる

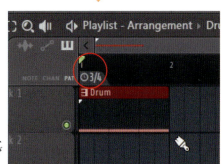

➡プレイリストに「3/4」が設定され、先ほど作成した「3/4」のパターンがぴったりと配置できるようになる

↑➡曲の途中で拍子を変更したい場合は、任意の小節位置で右クリックし、プルダウンメニューから「Add time signature...」をクリックする。ここでは5小節目に「4/4」を設定してみよう

NOTE ①
設定した「拍子」は他のマーカー同様、左右にドラッグすることで自由な位置へと変更できる

↑すると、1小節目から4小節目までは「3/4」拍子、5小節目以降は「4/4」拍子で再生できるようになる **NOTE ①**

175

「パンチイン/パンチアウト」の方法

CHAPTER 5

FL Studio 20ではマーカーに「Punch in recording」と「Punch out recording」を設定することで、指定した範囲を再度レコーディングすることができる。通常の録音と違い、「録音」ボタンではなく、「再生」ボタンを押しながらレコーディングしていく点に注意しよう。

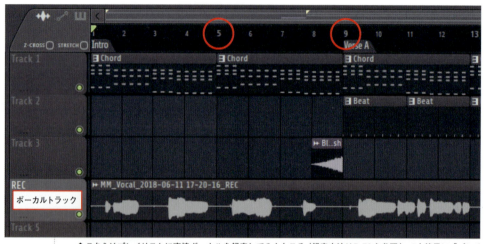

↑こちらはプレイリストに直接ボーカルを録音してみたところ(録音方法はP.79を参照)。5小節目に「パンチイン=自動録音開始」、9小節目に「パンチアウト=自動録音終了」を設定して録り直してみよう

←↑続いて登録したマーカーを再度右クリックして、プルダウンメニューから「Punch in recording」を選択する。パンチインが設定されると、上のようにマーカーに赤いボタンが表示される

↑パンチインとパンチアウトを設定するにはマーカーが登録されてる必要がある。ここでは、5小節目にマーカーがないので、まずは右クリックメニューから「Add marker」を選択し、マーカーを登録しよう(今回は「Begin」というマーカーを登録してみた)

176

Chapter 5
FL Studioをさらに使いこなす

← ↑ 次にパンチアウトを設定したいマーカーを右クリックして、プルダウンメニューから「Punch out recording」を選択する。パンチアウトが設定されると、パンチイン同様にマーカーに赤いボタンが表示される

↑ 5小節目の「Begin」、9小節目の「Verse A」にそれぞれパンチインとパンチアウトが設定された状態

↑ 続いて、差し替える部分のボーカル（波形）をミュートしておこう。まずは「スライス」に持ち替えて5小節目と9小節目の頭をスライスしていく

➡「ミュート」ツールに持ち替えて波形をクリックする。これで、5小節目から9小節目のボーカルは再生されない状態となる

177

NOTE ①
ボーカルをマイク録音する際は、スピーカーの電源をオフにして、バックトラックや声をヘッドホンでモニターするのが基本だ

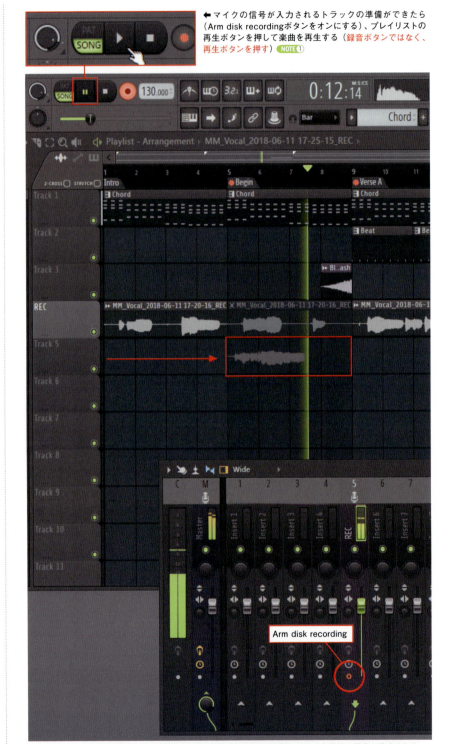

← マイクの信号が入力されるトラックの準備ができたら（Arm disk recordingボタンをオンにする）、プレイリストの再生ボタンを押して楽曲を再生する（録音ボタンではなく、再生ボタンを押す） **NOTE ①**

↑ すると、パンチインを設定した5小節目で自動的に録音が可能な状態となり、9小節目で録音が停止される

Chapter 5
FL Studioをさらに使いこなす

↑録音完了後にボーカルが差し替わった状態。このようにパンチインとパンチアウトを設定すると、任意の範囲をピンポイントで再レコーディングすることができる。FL Studioでは元のオーディオを書き換えるのではなく、あくまでも新規にオーディオを追加することで、パンチインとパンチアウトを実現する仕様だ

↑パンチインとパンチアウトを設定したマーカーは、それぞれ右クリックメニューから「None」を選択すると元の状態のマーカーに戻る

🍎「パンチイン／パンチアウト」と「ループレコーディング」を併用する

1回でOKテイクを録る自信のない人は、「パンチイン／パンチアウト」を行なう際に「ループレコーディング」を併用すると、指定した範囲を何度も繰り返し録音することができるのでオススメだ。録音したテイクはリアルタイムにグループトラックへと順次追加され、後からベストテイクをじっくりと選ぶことができる。

↑録音したオーディオはミュートを解除することで再生することができる

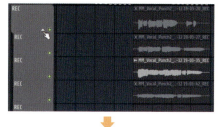

↑「ループレコーディング」をオンにして、ループ範囲を設定後（右クリックしながら小節範囲をドラッグして指定）にパンチイン／パンチアウトを行なうと、上のように同じ範囲で何度も録音を繰り返すことができる

↑グループトラックは、▲をクリックすることで開閉でき、閉じればコンパクトに収納することも可能だ

179

「テンポチェンジ」を行なう方法

CHAPTER 5

FL Studioでは、曲中で自由にテンポチェンジを設定することもできる。テンポチェンジの情報は「イベントエディタ」に直接書き込む方法と、テンポの上限と下限を事前に決めてから「オートメーションクリップ」で設定する方法がある。それでは順番に紹介していこう。

● 「イベントエディタ」を活用する方法

←↑まず始めにテンポチェンジ用の新規パターンを作成する。ここでは「Tempo 100」というパターン名にしてみた

➡続いて、「テンポ」欄を右クリックして、プルダウンメニューから「Edit events」を選択する

↑すると「イベントエディタ」が表示される

Chapter 5
FL Studioをさらに使いこなす

↑後はドローツールを使って、「イベントエディタ」に自由にテンポを設定してやろう。入力するテンポの値は、マウスのカーソル位置を自動検出して画面左上部のヒントバーに表示される

↑ここではテンポ100の直線を設定してみた

🍎 テンポの値を素早く「イベントエディタ」に設定する方法

「イベントエディタ」では、非常に細かくテンポを指定できるが、細か過ぎて数値を設定しづらい側面もある。そんなときは、「イベントエディタ」のオプションメニューの「Edit」→「Insert current controller value」を活用しよう。例えば、テンポ100を設定したい場合の手順は下記の通りだ。

←「イベントエディタ」を開いた状態で「テンポ」欄の数値を「100」に変更する

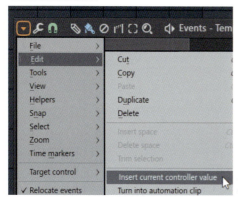

↑自動的に「イベントエディタ」にテンポ100が設定される

←オプションメニューの「Edit」→「Insert current controller value」を選択する

←↑別のテンポを設定するには、再度新規のパターンを作成する。ここでは「Tempo 128」を作成してみた

↑先ほどの手順同様に「イベントエディタ」を表示させ、テンポ128を設定する

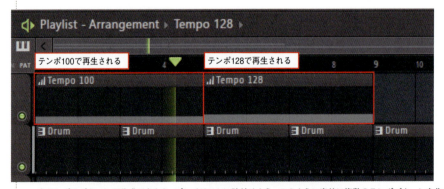

↑テンポのパターンが作成できたら、プレイリストに貼付けよう。このように事前に複数のテンポパターンを作成することで、楽曲をテンポチェンジさせることができる

●「オートメーションクリップ」を活用する方法

←続いて、テンポの上限と下限を決めてテンポチェンジさせる方法を紹介しよう。徐々にテンポアップ、テンポダウンさせたいときは、「イベントエディット」よりもこちらの方法がオススメだ。まず始めに「テンポ」欄を右クリックして、プルダウンメニューから「Create automation clip」を選択する

↑すると、テンポ用のオートメーションクリップが作成される

↑次に、その曲で使う最も低いテンポ（下限のテンポ）を「テンポ」欄で設定する。ここではテンポ90に設定してみた

↑続いて右クリックメニューから「Copy value」を選択する

NOTE ①
チャンネルラックは、「F6」キーを押すとショートカットで表示することができる

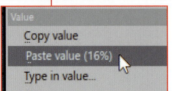

↑←チャンネルラックを表示させて、「Tempo」と書かれたオートメーションクリップの「Output min level」（左のノブ）を右クリックして、プルダウンメニューから「Paste value」を実行する **NOTE ①**

↑今度は、その曲で使う最も高いテンポ（上限のテンポ）を「テンポ」欄に設定する。ここではテンポ150に設定してみた

➡そして、右クリックメニューから「Copy value」を選択する

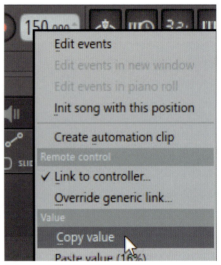

↑←「Output max level」（右のノブ）を右クリックして、プルダウンメニューから「Paste value」を実行する

Chapter 5
FL Studioをさらに使いこなす

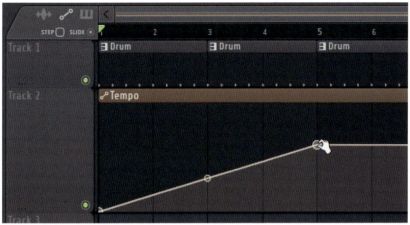

NOTE 2
FL Studioでは、テンポチェンジにボーカルやループ素材といったオーディオデータをリアルタイムに追従させることができる。リアルタイムのモードは「Resample（テンポの上下でピッチも変化）」と「Stretch（テンポの上下でピッチが変化しない）」の2種類が用意されており、オーディオをダブルクリックすると表示されるエディタの「Time stretching」で指定可能だ

↑準備ができたら、オートメーションクリップにテンポチェンジを設定してやろう。クリップのラインは最下段（0％）のときがテンポ90、最上段（100％）のときがテンポ150だ

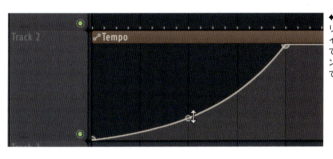

←オートメーションクリップでは、中央のポイントを上下することで滑らかなテンポチェンジを設定することもできる

↑楽曲を再生してみよう。画面はテンポ90から徐々に150へとテンポアップし、途中でテンポ120くらいに落とすように設定してみたところだ **NOTE 2**

プレイリスト アレンジメンツの活用法

CHAPTER 5

バージョン20では、プレイリストを「Arrangement（アレンジメント）」という単位で管理できるようになった点も見逃せない。ここでは、この新機能の活用法として、プレイリストを複製したり、プレイリストの一部を別のプレイリストに統合するアイディアを紹介しよう。

● 「Clone」を使って楽曲を素早く複製して別バージョンを作る

Arrangement（元の楽曲）

↑←プレイリスト（楽曲）を複製したい場合は、「Playlist」と書かれた右にある「Arrangement」をクリックして、プルダウンメニューから「Clone」を選択する

←アレンジメントに名前を付ける画面が表示されるので、名称を付けよう。ここでは「Arrangement_2」としてみた

Arrangement_2（別バージョン）

↑←すると、元のプレイリストが複製され「Arrangement_2」が表示される。フレーズを加えたり、構成を変えるなどして楽曲の別バージョンを作ってみよう。なお、この「Arrangement_2」をさらに複製したい場合は、再び「Playlist」の右にある「Arrangement_2」をクリックして、プルダウンメニューから「Clone」を選択すればいい

Chapter 5
FL Studioをさらに使いこなす

←アレンジメントに名前を付ける画面が表示される。今度は「Arrangement_3」にしてみよう

↑先ほど同様、プレイリストが複製され「Arrangement_3」が起動する。フレーズを加えたり、テンポを変えたり、構成を変更するなどして別バージョン「Arrangement_3」を制作しよう

NOTE 1
プレイリスト上にあるデータ（パターン）は、コピー&ペーストで別のアレンジメントに複製することもできる。ただし、次ページで紹介している「Merge with」のように任意の場所に複製することはできず、複製後は手動で場所を変更する必要がある

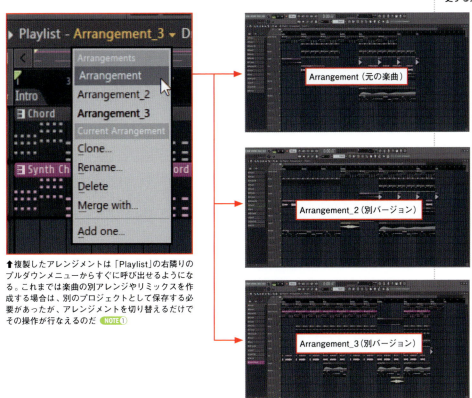

↑複製したアレンジメントは「Playlist」の右隣りのプルダウンメニューからすぐに呼び出せるようになる。これまでは楽曲の別アレンジやリミックスを作成する場合は、別のプロジェクトとして保存する必要があったが、アレンジメントを切り替えるだけでその操作が行なえるのだ **NOTE 1**

●「Merge with」を使って、楽曲を部分的に合体させて作る

←続いて、プレイリストの一部を別のアレンジメントに反映させる手順を紹介していこう。まずは「Playlist」の右隣りにあるメニューから「Add one」を選択する

↑アレンジメントに名前を付ける画面が表示される。今回は「Arrangement_4」としてみよう

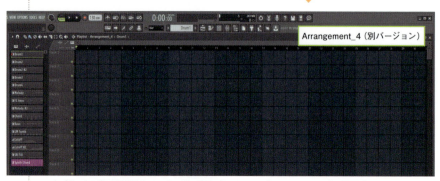

↑パターンが何も配置されていない真っ新なプレイリスト「Arrangement_4」が起動する

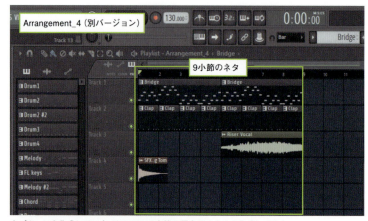

↑パターンを作成していく。ここでは、9小節の間奏用のネタを作成してみた

Chapter 5
FL Studioをさらに使いこなす

←作成したネタを別のプレイリスト（アレンジメント）に利用したい場合は、結合される側のアレンジメントを開いてから、プルダウンメニューの「Merge with」を選択する必要がある。今回は、「Arrangement_3」に「Arrangement_4」のパターンを結合したいので、「Arrangement_3」を開いてから「Merge with」を選択してみた

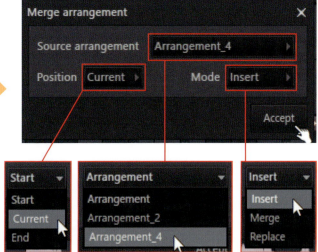

←↑「Merge arrangement」のダイアログが表示されるので、「Source arrangement」にコピー元のアレンジメント、「Position」にコピーする場所、「Mode」にコピー方法を選択して「Accept」ボタンを押す。今回は「Arrangement_3」で現在カーソル位置のある29小節目にデータを割り込ませるように挿入したいので、「Position」は「Current（現在）」、「Mode」は「Insert」を指定してみた **NOTE②**

NOTE②
「Mode」で「Merge」を選ぶと、元のパターンの上にデータが混ざった状態でペーストされ、「Replace」を選んだ場合、元のパターンと差し替わった状態でペーストされる

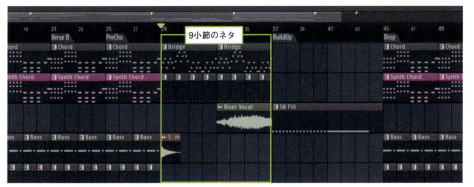

↑すると、上画面のように「Arrangement_4」で作成した9小節のネタが「Arrangement_3」の29小節目に挿入される

コンソリデイト機能でトラックやクリップ、パターンをオーディオ化する方法

CHAPTER 5

ソフト音源を利用したトラックなどを一時的にオーディオ化し、CPU負荷を軽減する「フリーズ」。バージョン20では、このフリーズを実現すべく、選択したトラック、クリップ、パターンを素早くオーディオ化する「コンソリデイト」機能が新搭載されている。ここでは、その手順を解説していこう。

●「トラック」をオーディオ化する方法

←オーディオ化したいトラック上で右クリックすると表示されるプルダウンメニューから「Consolidate this track」→「From track start（トラックの始めから）」または「From song start（曲の始めから）」を選択する。ここでは、「Synth Chord2」というトラックを「From track start」でオーディオ化してみよう

↑「Synth Chord2」のトラックの範囲が設定され（赤く表示）、オーディオの書き出しダイアログが表示される。「Start」ボタン押してオーディオ化を開始しよう

Chapter 5 FL Studioをさらに使いこなす

↑すると、オーディオ化されたトラックが直下に作成される（元のトラックはミュート状態になる）

● 「クリップ」をオーディオ化する方法

←続いて、プレイリスト状に並んだクリップをオーディオ化（まとめる）方法を紹介しよう。まずはオーディオ化したいクリップを選択する

↑プレイリストのオプションメニューから「Tools」→「Consolidate playlist selection」→「From selection（選択位置の始めから）」または「From song start（曲の始めから）」を指定する。ここでは「From selection start」を選んでみた

←選択範囲が設定され（赤く表示）、オーディオの書き出しダイアログが表示される。「Start」ボタン押してオーディオ化しよう

NOTE①
ここではオーディオのクリップを例に解説しているが、プレイリスト上にある複数の異なるMIDIのパターンを選択し、オーディオ化することも可能だ

➡選択した複数のクリップが1つにまとまりオーディオ化される（元のクリップはミュート状態となる）

191

● 「パターン」をオーディオ化する方法

←パターンをオーディオ化するには、希望のパターンを右クリックして、プルダウンメニューから「Render and replace」を実行する。ここでは、「FL keys」というパターンを例に解説していこう **NOTE❷**

NOTE❷
「Render and replace」の上にある「Render as audio clip」を選択すると、パターンはピッカーのオーディオクリップに登録され、プレイリストにドラッグ&ドロップすることで使用できる

➡書き出しのダイアログが表示されるので「Start」をクリックする

⬇

↑すると、「FL keys」のパターンがオーディオ化されて差し替わる

Chapter 5
FL Studioをさらに使いこなす

「スタンプ」を利用してノートを入力する

FL Studioのピアノロールには、ノートを打ち込む際に便利なスタンプ機能が搭載されている。スタンプには、「sus4」「add9」といった各種コードや「Major」「Minor Harmonic」といったスケールが用意されており、好みのスタンプを使って簡単にノートを入力することができる。

↑→スタンプは、ピアノロールの左上にある「Stamp」ボタンをクリックすると表示される

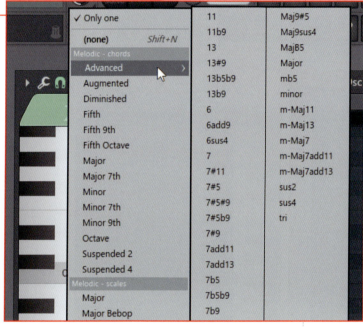

↑→こちらは「Melodic - chords」のカテゴリーの中にある「Advanced」→「7」を指定後、ピアノロールの「C(ド)」の位置をクリックしてみたところ。このようにCから始まるセブンス(ド、ミ、ソ、シ♭)が瞬時に入力される
NOTE❶

NOTE❶
スタンプメニューの「Only one」にチェックを入れておくと、1回のみスタンプで指定したノートが入力される。何度も同じコードを入力したいときはこのチェックを外しておくといい

●「スケール」をガイド的に表示させる方法

NOTE ②
「Sampler」は、何か音を読み込まない限りサウンドが再生されない。この特性を利用してノートをガイドとして表示していくのだ

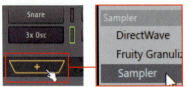

← ピアノロールでの打ち込みの際に、曲で使用可能な「Scale（スケール：音階）」をあらかじめ表示させておくと鍵盤の入門者などは入力しやすいだろう。スケールをガイド表示させたい場合は、まず最初にチャンネルラックに「Sampler」を呼び出そう **NOTE ②**

NOTE ③
FL Studioのピアノロールでは、ノートを上下にコピーすることができない。表示されたノートを右側にコピーし、それをスケールの上下に移動させるのがポイントだ。複数のノートを同時に複製する方法はP.55を参照

←「Sampler」が起動したらピアノロールを表示して、スタンプから希望のスケールを選択する。ここでは「Melodic - scales」の中から「Major（メジャースケール）」を選択してみた。ちなみに、「Major」を選択した後に、例えばピアノロールの「C（ド）」をクリックすると、ド、レ、ミ、ファ、ソ、ラ、シという「Cメジャースケール」の音階が入力され、同様に、「Eb（ミ・フラット／レ・シャープ）」をクリックすると、ミ♭、ファ、ソ、ラ♭、シ♭、ド、レという「Ebメジャースケール」の音階が入力される。ここではこの「Ebメジャースケール」を例に解説していこう

《Ebをクリックした場合》

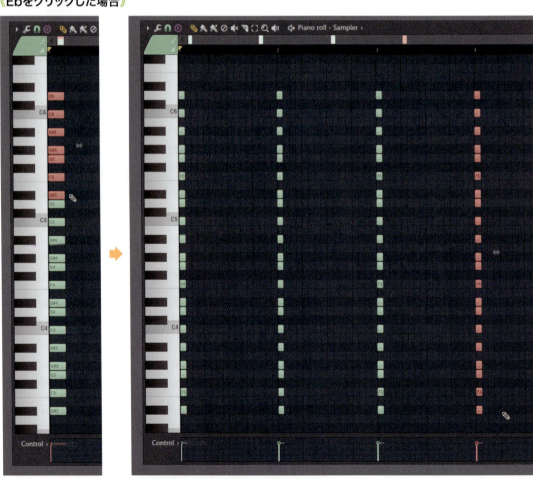

↑一度にクリックで入力できるスケールは1オクターブ分だが、自分の作るメロディーが1オクターブとは限らない。そこでノートをコピーして複製するなどして、ガイドとなるスケールのオクターブ上や下を増やしていこう。また、ガイドとなるスケールは、各小節の先頭にあるとフレーズを入力しやすい。上の画面のように小節の頭にもスケールをコピーしておくといいだろう **NOTE ③**

Chapter 5
FL Studioをさらに使いこなす

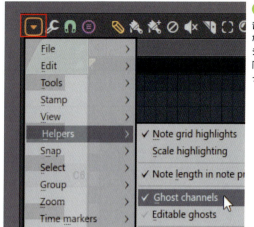

> **NOTE ④**
> 音階が透かした状態で表示されない場合は、ピアノロールのオプションメニューの「Helpers」→「Ghost channels」が有効になっているかを確認しよう

↑ガイドとなるスケールが設定できたらピアノロールのプルダウンメニューからフレーズの入力に使用する音源に切り替える。ここでは、「Sampler」から「Sx Osc」に切り替えてみよう

↑すると、先ほど「Sampler」で用意した「Ebメジャー」のスケールが、画面のように透かした状態で表示される。ガイドで表示されている音階を外さないようにフレーズを入力していこう **NOTE ④**

195

メジャースケールの一覧表

　スケールには、メジャースケール、マイナースケール、ブルーススケール、日本音階など数多くのタイプが存在するが、ここではメジャースケールの一覧表を掲載しておこう。自分の作る曲のサビ（メロディー）などが思い付いたら、鍵盤で弾いてみてどのスケールが合いそうかを事前に確認してみるといいだろう。

●CM（Cメジャー）：ハ長調

●F#M（F#メジャー）：嬰ヘ長調

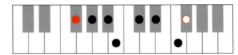

●DbM（Dbメジャー）：変ニ長調

●GM（Gメジャー）：ト長調

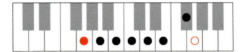

●DM（Dメジャー）：ニ長調

●AbM（Abメジャー）：変イ長調

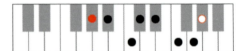

●EbM（Ebメジャー）：変ホ長調

●AM（Aメジャー）：イ長調

●EM（Eメジャー）：ホ長調

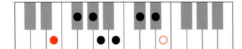

●BbM（Bbメジャー）：変ロ長調

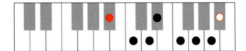

●FM（Fメジャー）：ヘ長調

●BM（Bメジャー）：ロ長調

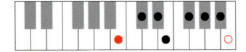

Chapter 5
FL Studioをさらに使いこなす

「パフォーマンスモード」の使い方

FL Studioでは、タブレットPCの画面をタッチしたり、MIDIコントローラーのパッドを叩くなど、直感的にクリップを再生できる「パフォーマンスモード」が用意されている。ここでは、「パフォーマンスモード」における基本的なセットアップや操作手順について解説していこう。

↑まずは「パフォーマンスモード」で使用するためのクリップを用意する。今回はブラウザから4種類のオーディオループ素材と2種類のワンショットサンプル、MIDIパターンとしてライザー系のシンセやベースフレーズ、キックの4つ打ちなどを用意してみた

NOTE 1
準備するクリップの長さは、必ずしも1小節である必要はない。ただし、オーディオのループ素材はBPM（テンポ）が揃ったものを用意しよう

↑次に「TOOLS」メニューから「Macros」→「Prepare for performance mode」を実行する

↑「パフォーマンスモードに変換しますよ（アンドゥはできませんが）」という主旨のダイアログが出るので、「OK」ボタンを押す

↑すると、画面のようにプロジェクト（プレイリスト）が「パフォーマンスモード」に変換される。「パフォーマンスモード」は縦軸と横軸を格子状にとらえて（横列には「Pad#1」、「Pad#2」、「Pad#3」〜「Pad#16」といった番号が付いている）、任意のパッドにクリップを配置後、そのクリップを選択すると自動的にクリップがループ再生されるのが特徴だ **NOTE②**

NOTE②

FL Studioでは、「FILE」メニューの「New from template」→「Performance」からテンプレートとして「パフォーマンスモード」を起動することもできる。テンプレートにはAKAI「APC40/20」やNovation「Launchpad」に特化したタイプもあり、お試し用にクリップがあらかじめ設定されているものもある

↑クリップは、任意のパッドにドラッグすると配置できる

NOTE③

パッドのサイズは1小節が基準となっているため、2小節以上の素材だとはみ出したように見えるが、1小節のものは1小節、2小節以上のものはその小節数分でループ再生されることになる

NOTE④

登録したクリップは「スライス」ツールなどで編集することができる。また、「Shift」＋「6」を押すと、パフォーマンスモードに必要なパッド部分のみを表示する画面にすることも可能だ

↑ここでは、1行目（Track 1）の1列目「Pad#1」に「DL Breker」、「Pad#4」に「DL Sidestep」、「Pad#6」に「DL Stadium」、「Pad#9」に「DL Broken」を配置。同様に2行目（Track 2）の「Pad#2」に「Broken Crash」、3行目（Track 3）の「Pad#1」に「Bass」、4行目（Track 4）の「Pad#1」に「Kick」、「Pad#3」に「Hat」、「Pad#5」に「Snare」、「Pad#7」に「909 Crash」、6行目（Track 6）の「Pad#2」に「Riser」を配置してみた **NOTE③ NOTE④**

Chapter 5
FL Studioをさらに使いこなす

↑準備ができたら「再生」ボタンを押して、即興パフォーマンスをしてみよう。タブレットPCなどを使えば、画面上から直接希望のクリップをタッチしてフレーズを再生することができる。また今回は紹介していないが、MIDIコントローラーを使う場合は「OPTIONS」メニューの「MIDI Setting」で任意のコントローラーを有効にすればいい

マルチタッチモニター機能で複数のフェーダーを同時にコントロール

　FL Studioは、前バージョン12からマルチタッチモニターに対応している点も見逃せない。ミキサーの「Multi-touch control（指のマーク）」を有効にすることで、タッチパネル式のPCでは複数のフェーダーを両指で調整することも可能だ。

↑通常は操作できるツマミやフェーダーは1つだが、「Multi touch control」を有効にすると、上画面のように複数の箇所を同時に操作できるようになる

「Image-Line Remote（IL Remote）」を使って、タブレットやスマートフォンからFL Studioを操作する

無償のアプリ「Image-Line Remote（IL Remote）」を活用すると、「パフォーマンスモード」を含むFL Studioの様々な機能をタブレット（iPadなど）やスマートフォンから遠隔操作することができる。「Image-Line Remote（IL Remote）」は、Google playやApple App storeからダウンロードでき、Wi-Fiを利用して両者がつながる仕組みだ。

↑→お互いのWi-Fiが有効になっていることを確認して、「OPTIONS」メニューの「MIDI Setting」をクリックしよう。表示される画面で「Enable Image-Line Remote」をオンにする。これで準備は完了だ

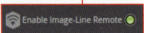

←写真はiMacにインストールしたFL Studio 20を、iPhoneの「Image-Line Remote（IL Remote）」で遠隔操作しているところ。前述した通り、iMac、iPhoneともにWi-Fiでネットに接続されている

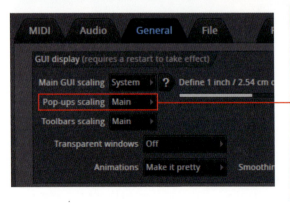

←FL Studioでは、タブレットPCなどに表示されるツールバーの表示サイズもカスタマイズできる（要再起動）。サイズは100〜400%まで設定可能だ

200

CHAPTER 6 覚えておきたいショートカット

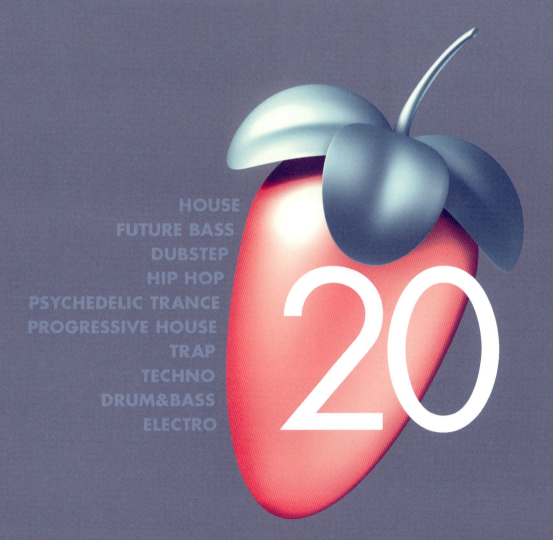

シーン別・ショートカット活用法

CHAPTER 6

パターンの作成、ピアノロールでの打ち込み、プレイリストにおける編集作業など、FL Studioではシーンごとに様々なショートカットが用意されている。このチャプターでは特に重要なショートカットをいくつかピックアップしてみたので、ぜひとも覚えて曲作りに活用してほしい。

※Mac版のいくつかの機能については開発中のものがあります（2018年7月現在）

【ファイルメニュー】

Windows：[Ctrl] + [S]　Mac：[command]+[S] ＝ ファイルを保存

Windows：[Ctrl] + [N]　Mac：[command]+[N」＝ 別バージョンのファイルを保存

Windows：[Ctrl] + [Shift] + [S]　Mac：[command]+[Shift] + [S] ＝別名でファイルを保存

←↑「Save new version」で別バージョンがすぐに作れるのもFL studioの特徴だ。別バージョンはいくつでも作ることができ、「曲名_2」、「曲名_3」といった具合に名前が付けられる（保存される）

【パターン】

Windows/Mac：[＋] ＝ 次のパターンへ進む

Windows/Mac：[－] ＝ 前のパターンに戻る

Windows/Mac：[F4] ＝ 空のパターンへ進む（新規パターンを作成）

Windows：[Ctrl] + [Shift] + [C]　Mac：[command] + [Shift] + [C] ＝ クローンを作成

➡クローンとして作成されたパタンには「#」が付く。フレーズのバリエーションを作りたいときに活用するといいだろう

【チャンネルラック/ステップシーケンサー】

Windows/Mac：[Shift] + マウスホイール/マウススクロール ＝ 選択チャンネルの移動

←画面は「Clap」の表示順を変更してみた状態。「Shift」を押しながらマウスホイールを上下させるか、マウスを上下にスクロールすることで、位置を自由に変えることができる

Chapter 6 覚えておきたいショートカット

【録音／再生／トランスポート etc…】

Windows/Mac：[Space] ＝ 再生／停止（曲頭に戻る）
Windows：[Ctrl] ＋ [Space] ＝ 再生／一時停止
Windows/Mac：[L] ＝ パターンモードとソングモードを切り替える
Windows/Mac：[R] ＝ レコーディングのオン／オフ
Windows：[/]（NumPad）＝ 前の小節に戻る（ソングモード）
Windows：[*]（NumPad）＝ 次の小節に進む（ソングモード）
Windows：[Ctrl] ＋ [H] ＝ 強制的に音を止める（パニック）

【各種ウィンドウの表示】

Windows/Mac：[F5] ＝ プレイリストの表示／非表示
Windows/Mac：[Enter] ＝ プレイリストの最大化／最小化
Windows/Mac：[F6] ＝ チャンネルラック／ステップシーケンサーの表示／非表示
Windows/Mac：[F7] ＝ ピアノロールの表示／非表示
Windows/Mac：[F8] ＝ プラグイン／プロジェクトピッカーの表示／非表示
Windows/Mac：[F9] ＝ ミキサーの表示／非表示

➡音源やエフェクトを設定する際に便利なプラグイン／プロジェクトピッカー。「F8」を押すと呼び出すことができる

 名称を変更する際に便利なショートカット

　FL Studioでは新規に作成したパターンや音源、プレイリストのトラックなど、名前の部分を「Shift ＋ クリック」すると名称を変更できる。名称変更は「F2」キーでも可能だが、キーボードの上段に手を伸ばさずに行なえる「Shift ＋ クリック」も覚えておくと便利だ。

⬆パターン名や音源以外に、ミキサートラックも「Shift ＋ クリック」で名称変更できる

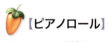【ピアノロール】

●ツールの選択

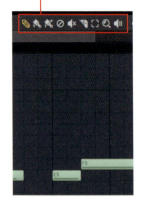

Windows/Mac：[P] = 「ドロー」ツール
Windows/Mac：[B] = 「モノペイント」ツール（ベースラインシーケンサーモード）
Windows/Mac：[N] = 「ポリペイント」ツール（ドラムシーケンサーモード）
Windows/Mac：[D] = 「消去」ツール
Windows/Mac：[T] = 「ミュート」ツール
Windows/Mac：[C] = 「スライス」ツール
Windows/Mac：[E] = 「選択」ツール
Windows/Mac：[Z] = 「ズーム」ツール
Windows/Mac：[Y] = 「再生（スクラブ）」ツール

●編集 ※「ドロー」ツール選択時

Windows/Mac： マウスの右クリック = ノートの削除
Windows：[Ctrl] + 任意の範囲をドラッグ　Mac：[command] + 任意の範囲をドラッグ = 複数のノート選択
Windows/Mac：[Shift] + ドラッグ = ノートの複製
Windows/Mac：[Shift] + ↑/↓ = ノートを半音単位で移動
Windows：[Ctrl] + ↑/↓　Mac：[command] + ↑/↓ = ノートを1オクターブ移調

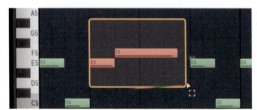

←Windowsでは「Ctrl」、Macでは「command」キーを押しながら任意の範囲をドラッグすると、画面のように複数のノートを選択することができる

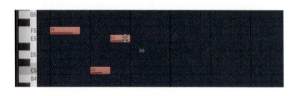

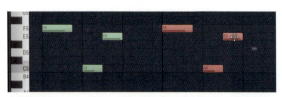

↑選択したノートは、Windows/Mac共に［Shift］を押しながらドラッグすると複製できる

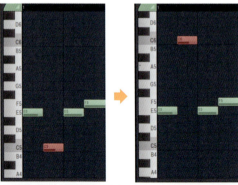

↑画面はノートを「Ctrl」+「↑」で1オクターブ高い音に変更してみた状態だ。Macの場合は「command」+「↑」で同様の操作が行なえる

Windows/Mac：［Shift］＋ マウスホイール／マウススクロール ＝ ノートを左右に細かく移動
Windows：［Alt］＋ マウスホイール　Mac：［option］＋マウススクロール ＝ ベロシティの変更
Windows/Mac：［Shift］＋ マウスホイール ＝ ノートを左右に細かく移動

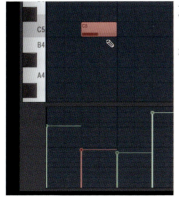

←ノートを選択した状態で、Windowsでは「Alt」、Macでは「option」を押しながらマウスホイール（マウスのスクロール）を上下動させると、ベロシティを変更することができる

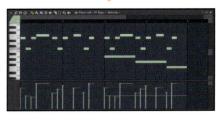

➡ノートの一部を編集している際に、「Shift」＋「4」を押すとパターン全体の画面に切り替えることができる

●拡大／縮小などの表示

Windows：［Ctrl］＋ マウスホイール　Mac：［command］＋マウススクロール ＝ 水平方向の拡大／縮小
Windows/Mac：［Shift］＋［1～3］＝ 水平ズームレベル1～3に変更
Windows/Mac：［Shift］＋［4］＝ 画面全体で表示
Windows/Mac：［Shift］＋［5］＝ 選択箇所を全体で表示
Windows：［Ctrl］＋ 右クリック（範囲ドラッグ）　Mac：［command］＋ 右クリック（範囲ドラッグ）
＝ 任意の範囲を拡大／縮小

アンドゥのショートカット

FL Studioでは、失敗した操作をWindowsでは「Ctrl」＋「Z」、Macでは「command」＋「Z」でアンドゥ（取り消し）したり、Windowsでは「Ctrl」＋「Alt」＋「Z」、Macでは「command」＋「option」＋「Z」でアンドゥ履歴を遡ることができる。

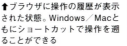

↑ブラウザに操作の履歴が表示された状態。Windows／Macともにショートカットで操作を遡ることができる

【プレイリスト】

●ツールの選択

Windows/Mac：[P] =「ドロー」ツール
Windows/Mac：[B] =「ペイント」ツール
Windows/Mac：[D] =「消去」ツール
Windows/Mac：[T] =「ミュート」ツール
Windows/Mac：[S] =「スリップ」ツール
Windows/Mac：[C] =「スライス」ツール
Windows/Mac：[E] =「選択」ツール
Windows/Mac：[Z] =「ズーム」ツール
Windows/Mac：[Y] =「再生（スクラブ）」ツール

●編集

Windows/Mac：[Shift] + ドラッグ ＝ クリップの複製
Windows：[Ctrl] + 任意の範囲をドラッグ　Mac：[command] + 任意の範囲をドラッグ＝ 複数のクリップ選択

↑選択したクリップは、Windows／Macともに「Shift」を押しながらドラッグすると複製できる

↑Windowsでは「Ctrl」、Macでは「command」を押しながら任意の範囲をドラッグすると、複数のクリップを同時に選択することができる

➡複数のクリップを選択後、Windows／Macともに「Shift」+「G」でグループ化（Windows＝「Alt」+「G」、Mac＝「option」+「G」でグループ解除）することもできる。複数のクリップをまとめて移動させたいときに活用しよう。なお、グルーピングされたクリップには、画面のようにチェーン（輪）のマークが表示される

●拡大／縮小などの表示

Windows：[Ctrl] + マウスホイール　Mac：[command]+マウススクロール ＝ 水平方向の拡大／縮小
Windows/Mac：[Shift] + [1〜3] ＝ 水平ズームレベル1〜3に変更
Windows/Mac：[Shift] + [4] ＝ 画面全体で表示
Windows/Mac：[Shift] + [5] ＝ 選択箇所を全体で表示
Windows：[Ctrl] + 右クリック（範囲ドラッグ）　Mac：[command] + 右クリック（範囲ドラッグ）
＝ 任意の範囲を拡大／縮小

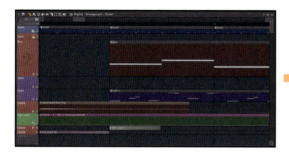

↑楽曲の一部をクローズアップしている場合でも、「Shift」+「4」をクリックすると、瞬時に楽曲全体を表示するモードに切り替え可能だ

●マーカー

Windows：[Alt] + [T] ＝ 新規マーカーを追加
Windows：[Alt] + [*] ＝ 次のマーカーに進む
Windows：[Alt] + [/] ＝ 前のマーカーに戻る

●タイムライン上での編集

Windows：[Ctrl] + [Ins] ＝ 選択した長さのスペースを追加する
Windows：[Ctrl] + [Del] ＝ 選択した長さのスペースを削除する

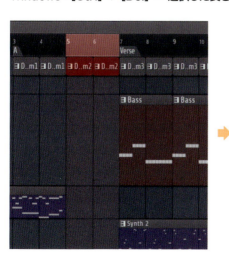

←画面は5〜7小節目を選択後、「Ctrl」+「Ins」で5小節目以降に2小節分の新規スペースを挿入してみたところ。楽曲をアレンジするなど、小節数が足りなくなった場合に活用すると便利なコマンドだ（Macではプレイリストの「Edit」→「Insert space」または「Delete space」で同様の操作を行なうことができる）

【ミキサー】

Windows：[Ctrl] + [L]　Mac：[command] + [L] = チャンネルラックで選択したトラックを割り当てる
Windows：[Shift] + [Ctrl] + [L]　Mac：[Shift] + [command] + [L]
= チャンネルラックで選択した複数のトラックを割り当てる
Windows：[Shift] + マウスホイール　Mac：[Shift] + マウススクロール= 選択チャンネルの移動

←チャンネルラックで選択した音源は、任意のミキサートラックへWindowsでは「Ctrl」+「L」、Macは「command」+「L」で割り当てることができる（※割り当て済みのトラックへルーティングすることはできない）

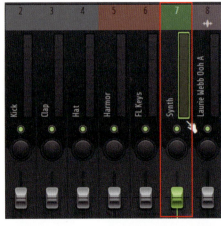

←ミキサートラックで選択したチャンネルは、「Shift」を押しながらマウスホイールを上下（またはマウスのスクロール）で、画面のように左右に移動させることができる（Windowsでは「Alt」+左右の矢印でも変更可能）

ノブやスライダーを動かす際に便利なコマンド

　FL Studioでは、ミキサーのフェーダーやパン、音源のパラメーターなどを調整するときに便利なコマンドも用意されている。編集の際の数値は、プロジェクト左上のヒントバーに表示されるので、そちらも参考にしながら調整してやろう。

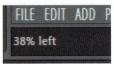

Windows：[Alt]+クリック　Mac：[option]+クリック = 数値のリセット
Windows：[Ctrl]を押しながら操作　Mac：[command]を押しながら操作
= 数値を細かく動かす
Windows/Mac：[Shift]を押しながら操作
=スナップポイント（一瞬ノブなどが止まる場所）を無視

CHAPTER 7 FL Studio付属プラグインの紹介

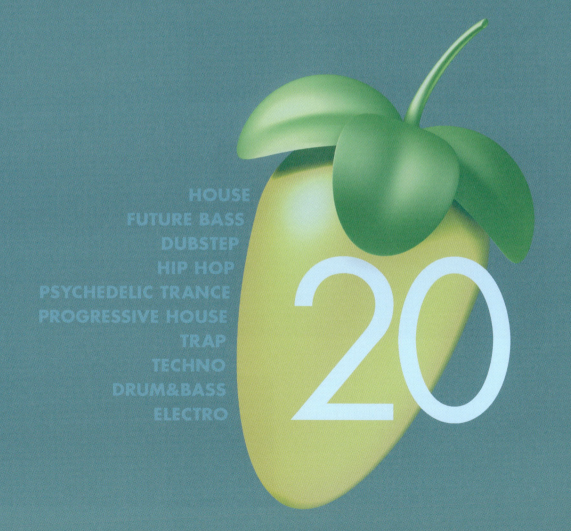

FL STUDIO 20 BOOK

Generator（音源）編

CHAPTER 7

FL Studio 20には同社別売の音源（デモバージョン）を含む、約40種類のGeneratorが標準装備されている。ダンスミュージックに欠かせないドラム音源や個性的なシンセサイザーなど、ここではカテゴリー別に収録モデルを紹介していこう。

※以下で紹介しているモデルは「FL STUDIO 20 Signature」に付属されているものです。

ノンカテゴリー
▼**Speech**

テキスト（英語）を入力すると、その通りに発音してくれるユニークなプラグイン。テキスト入力後に「Accept」ボタンを押すと、ブラウザの「Speech」フォルダにオーディオデータが作成され、プレイリストにドラッグ＆ドロップして使用できる。「Personality」のプルダウンメニューで、女性、男性、子供、ロボットといった人物設定、「Word rate」では読み上げるスピードの調整、下段の鍵盤では発音時の音程も指定可能だ。

コントローラー
▼**Fruity Envelope Controller**

エンベロープを使ったコントロールを行なうためのプラグイン。例えば、ロングトーンのフレーズを用意しておき、別のトラックにFruity Envelope Controllerを設定後、任意のパラメーターを右クリックして「Link to Controller…」の「Internal controller」からFruity Envelope Controllerの「articulator 1〜8」の設定シーンを指定すると、選んだ設定シーン（エンベロープのカーブ）で音色を変化させられる。

コントローラー
▼**Fruity Keyboard Controller**

「Fruity Keyboard Controller」上のノートとベロシティを使って、その他のトラックや音源のパラメーターをコントロールできるプラグイン。トラックに「Fruity Keyboard Controller」を読み込んだ後、希望のパラメーターを右クリックし、「Link to controller…」→「Internal controller」から設定することができる。

210

Chapter 7 FL Studio付属プラグインの紹介

ドラム
▼BassDrum

50種類以上のプリセットを装備したキック専用のシンセサイザー。MAINとSLAVEの2つのオシレータ、CLICK、MASTERに加え、中央のSAMPLE LAYER（任意のWAVファイルなども読み込み可能）を組み合わせた音作りが行なえる。「PEAK」ツマミを回すことで、ドンッという音をシンセっぽくビューンッと簡単に変更可能だ。

ドラム
▼Drumaxx [デモバージョン]

16個のフィジカルモデリング・ドラムパッドを搭載したドラムマシン。最大64ステップ対応のパターンシーケンサーを内蔵している他、各パッドに読み込んだ音色ごとにサウンドエディットできるのも特徴。シンバルからケトルドラム（オーケストラで用いる打音器）まで、様々な打楽器の音を再現することが可能だ。

ドラム
▼Drumpad

Drumaxxを元に作られたパーカッションモデリングインストゥルメント。従来のサンプラー技術やシンセサイズ（音を合成する）という方法でサウンドを作っているのではなく、ドラムヘッドの振動、素材、厚さ、テンション、形状などもモデリングできるのが特徴。プリセットにはシンバル、ハイハット、キック、サウンドFXなどが用意されている。

ドラム
▼FPC (Fruity Pad Controller)

AKAI「MPC」をシミュレートしたドラムマシン音源。Bank AとBank Bでそれぞれ16個のパッドが利用でき、各パッドには複数のサンプルを割り当てることも可能。各パッドはベロシティによって異なるサンプルを再生できるため、生ドラムのシミュレーションも行ないやすい。またMIDI LOOPメニューに、様々なプリセットパターンが用意されているのもポイントだ。

211

ドラム
▼Fruit Kick

　シンプルなキックドラムシンセサイザー。サイン波によって生み出されたサウンドを、「MAX」＝キックのスタート時の周波数、「MIN」＝どの周波数までスイープさせるか、「DEC」＝ピッチをスイープする時間、「A. DEC」＝音量のディケイの長さ、「Click」＝クリックを発生させる、「DIST」＝サイン波のオシレータを強く歪ませまさせるという6つのパラメーターでエディットできる。

ドラム
▼Fruity Slicer

　読み込んだWAVファイルの拍の位置を検知して、スライスし、自動的にキーボードに割り当ててくれるスライサー音源。スライスされた波形は右クリックでプレビューでき、スライスプレビュー上ではスライスの分割、削除、コピー、「REV」ボタンをオンにするとリバース（逆再生）状態にすることも可能だ。

ドラム
▼Fruity DrumSynth Live

　Maxim Digital Audioが開発したDrumSynthのFL Studioバージョン。2つのノイズジェネレータでドラムサウンドを生成／エディットできる他、Morph Amountホイールを回すことで、任意のサウンドを別のサウンドにモーフィングしながら差し替えることも可能。808や909といったドラムマシンの名機のサウンドがプリセットされている点も見逃せない。

ドラム
▼Ogun [デモバージョン]

　ジャンルを超越したリッチでメタリック、そしてきらめくようなサウンドを生み出すシンセサイザー。32,000以上のハーモニクスを生成でき、ベースやシンバルなどのプリセットも数多く用意されている。Sytrus同様のマルチポイントエンベロープ、XYモジュレーションパッド、フィルター、コーラス、ディレイ、リバーブ、EQといったエフェクトも搭載。

Chapter 7 FL Studio付属プラグインの紹介

ドラム
▼Slicex

オーディオサンプルを高度なビート検出アルゴリズムによって断片化し、ピアノロールやコントローラーから個別に再生することを可能にするスライサー音源。音声ファイルがスライス／リージョンデータを含んでいる場合は、ビート検出はされずに自動的にサンプルが読み込まれる。Slicexは再生機能だけでなく、スライスの再配列機能、ドラムに最適化されたタイムストレッチ機能などが搭載されているのも特徴だ。

MIDI
▼Dashboard

ハードウェアのシンセサイザーやミキサー、サンプラーといった外部MIDI機器（パラメーター）をコントロールするためのインターフェイス。手持ちの機器に合わせてパネルをカスタマイズできる他、FL Studioのユーザーフォーラム（http://forum.image-line.com/viewforum.php?f=1500）にも様々なパネルがアップロードされている。

※Macバージョンは準備中（2018年7月現在）。

MIDI
▼MIDI Out

　MIDIハードウェアやVSTプラグインをコントロールするためのプラグイン。MIDI信号はプラグイン画面の右上にあるMIDIポート番号と同じポート番号を持つプラグイン（FL内部）または、MIDI出力デバイス（外部ハードウェア）へ送信される。なお、この「MIDI Out」はミキサー上に読み込んだ「Fruity LSD」の音色を鳴らす際に併用すると便利だ。

その他
▼BooBass

モノフォニックのベース音源。シンセベースというよりは生ベースのシミュレーション向けで、Bass（低音域）、Mid（中音域）、Treble（高音域）によるイコライジングも可能。また、ポルタメントスライドにも対応している。

その他
▼FL Keys

リアルなピアノを再現できるピアノシミュレーター音源。CPUとメモリ消費が少ないのがポイントで、ハイクオリティなサンプル音源の割に動作も軽い。プリセットにはPiano、Grand Pianoの他に、RhodesとRoto Organが用意されており、プリセット名の隣りの「i」ボタンをクリックすると、そのサウンドのサンプル情報が表示される。

その他
▼FL Studio Mobile

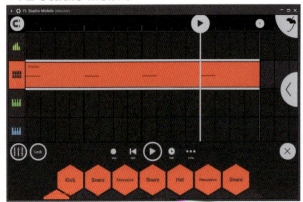

iOS（iPhone／iPad）、Androidで利用可能な音楽アプリ「FL Studio Mobile」。FL Studioでは、このアプリを音源として利用することができる。FL Studio Mobileのシーケンサーは、FL Studioのプロジェクトと同期して再生されるので、簡単な曲のスケッチをこちらで行なう手もあるだろう。

その他
▼Layer

ステップシーケンサ内に起動している複数の音源やサンプルを1つにまとめて鳴らしたいときに便利なチャンネル。ステップシーケンサに「Layer」を読み込んだら、レイヤーしたいチャンネルを複数選択（shiftキーを押しながら選択すると複数を同時に選択可能）後、Set Childrenボタンを押すとレイヤーを組むことができる。なお、同様のことはPatcherでも実現可能だ。

その他
▼ReWired

FL Studioを別アプリケーションとReWire技術を使って同期再生する際に、FL Studioをホストにするために使用するプラグイン。これによってサンプル単位の精度の高いオーディオ入力、ソングポジションやトランスポートコントロールの同期、MIDIデータの送受信などが可能となる。

Chapter 7
FL Studio付属プラグインの紹介

▼Patcher
パッチャー

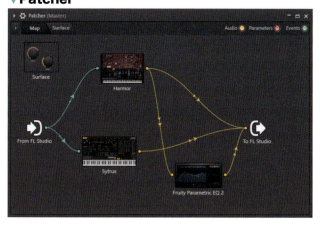

希望の音源とエフェクトを読み込んで、それぞれをPatcher内部で接続し1つのユニットとして機能させるプラグイン。パネル左上のオプションメニューから読み込んだオブジェクト(音源やエフェクト)は、左側に入力／右側に出力が用意されており、マウスでドラッグすることで結線可能。なお信号の種類は3種類あり、それぞれ黄色(オーディオ)、赤(パラメータ)、青(イベント)で表示される。

▼VFX Color Mapper
パッチャー

ピアノロールで選択できる16種類のノートカラーを利用して、異なる音源を鳴らしたりコントロールするためのプラグイン。「Patcher」に読み込んで、1〜16のカラーに希望の音源を割り当てて使用する。

▼VFX Key Mapper
パッチャー

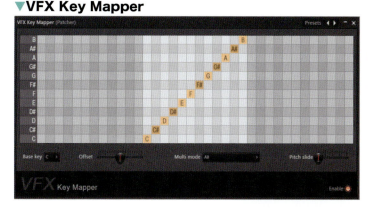

入力したノート信号に別の信号を付け加えられるプラグイン。「Patcher」の中に読み込んで使う仕組みで、例えば単音「C」のノートで「Cマイナー」のコードを鳴らしたり、変調、移調などを設定することもできる。

▼VFX Keyboard Splitter
パッチャー

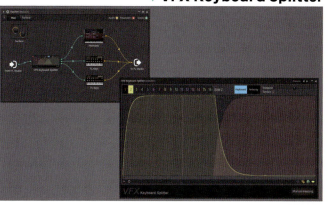

「Patcher」内に起動し、右クリックメニューの「Outputs」から「Zone1〜16」を有効にすることで、各ゾーンを複数の音源にルーティングし、キーボードの範囲ごとに音源を使い分けたり、Velocityのカーブによっては音程の低い位置で打鍵を弱く、音程の高い位置で打鍵を強くするといった奏法表現に利用できる。

パッチャー
▼VFX Level Scaler

バージョン20で新たに加わったプラグイン。「Patcher」の中に音源と共に起動し、VelocityやPitchなどのニュアンスを細かく調整することができる。ピアノロールで設定するベロシティやピッチとは違い、TensionやHumanizeのツマミ、CenterやMultiply、Offsetスライダーなどを駆使して、グラフィカルにサウンドをコントロールできるのがポイントだ。

サンプラー
▼DirectWave

パワフルかつ高機能なサンプラー音源。DirectWaveは上下の2つのインターフェイスに分かれており、上部のプログラムタブではキーボードへのサンプルの配置、下部のSample、Zone、Programではそれぞれ「Sample」＝サンプルスタート/エンドポイントの設定、ループ作成など、「Zone」＝ピッチ、フィルター、ADSR、シンセシスなど、「Program」＝FX、ポルタメントなどが行なえる。

サンプラー
▼Fruity Granulizer

波形サンプルを小さな断片（grains）に分解し、その断片を再生するというグラニューラーシンセシス技術を採用した音源。読み込んだオーディオ素材は、Transientsセクションでgrainの長さを決め、Grainsセクションでgrainの再生間隔などが決められる。また、Effectsセクションでは、偶数番号のgrainを右、奇数番号のgrainを左にパンニングさせるといった特殊な効果も付け加えられる。

Chapter 7
FL Studio付属プラグインの紹介

サンプラー
▼Sampler

キックやスネアといった単発リズム、声ネタ、SEなどのワンショットサンプル（オーディオ）を扱うのに便利なサンプラーインストゥルメント。ブラウザなどから希望のオーディオファイルをチャンネルラックにドラッグ＆ドロップしても起動でき、Time stretchingでオーディオの再生スピードを調整したり、Precomputed effectsで波形をリバース（逆再生）することも可能。また、上部のChannel Settingタブを切り替えれば、ADSLのエンベロープやLFO、フィルターなどによる音作りも行なえる。

サンプラー
▼Wave Traveller

レコードのスクラッチをシミュレーション可能なプラグイン。ターンテーブルをシミュレーションした「Scratcher」とは違い、読み込んだオーディオサンプルにスクラッチの曲線を描くことでサウンドをコントロールする。スクラッチの曲線はマウスで自由に描くことができ、入力したポイントを右クリックすると曲線のタイプも変更可能だ。

※Macバージョンは準備中（2018年7月現在）。

シンセ・クラシック
▼3x OSC

パワフルな3つのオシレータを組み合わせて音作りができるソフトシンセサイザー。オシレータにはサイン波、三角波、矩形波、鋸波、TB303タイプの鋸波、ノイズ、カスタムが用意されており、ステレオフェイズ（SP）やステレオデチューン（SD）によるエディットも可能。

シンセ・クラシック
▼Fruity DX10

8ボイスのポリフォニックFMシンセサイザー。音作りの際に、オシレータのピッチを別のオシレータで素早くモジュレーションするというのが「FMシンセシス」の特徴（※）。リアルなベル、ピアノ、アコースティックベースなどの音色を探している人は要チェックだ。

※非常に速くモジュレーションすることで、ピッチが上下に変動するようには聴こえずに、新しい音色が生み出される。

シンセ・クラシック
▼GMS

GMS (Groove Machine Synth) は、FM (Frequency Modulation) とRM (Ring Modulation) によるハイブリッドシンセサイザーと、同社の「Groove Machine」のFXチャンネルを組み合わせた音源だ。パネル右側には、ディストーションやビットクラッシャー、フィルターといった10種類のエフェクトが用意されており、XYパネルで音色を感覚的に加工できる。

シンセ・クラシック
▼Harmless

加算方式合成 (additive synthesis) のエンジンを使った減算方式合成 (subtractive synthesis) のシンセサイザー。オシレーターに相当する「Timbre」、音に厚みとステレオ感を加える「Unison」、Harmless独自のフェイズサウンドを生み出す「Phaser」、モジュレーション用の「LFO」、コーラス、ディレイ、リバーブ、コンプレッサーといった「Effects」が用意されている。

シンセ・クラシック
▼MiniSynth

MobileバージョンのFL Studioにも搭載しているシンセ音源。CPU負荷も低く、動作も軽いのが特徴。10種類から選択可能なオシレータ、オシレータエンベロープ、XYパッド形式のフィルター、フィルターエンベロープ、LFO、エフェクトを装備している。ベース、キーボード、リード、パッドといったオーソドックスなプリセットも用意されている。

Chapter 7
FL Studio付属プラグインの紹介

シンセ・クラシック
▼PoiZone [デモバージョン]

テクノ/トランス系にマッチする音色を数多く装備した減算方式（subtractive）ソフトシンセサイザー。2系統のオシレーター、1ノイズオシレータ、シンクモジュレーション、リングモジュレーション、PWモジュレーション、2つのADSR、3つのフィルターモードに加え、ディレイ、コーラスといったエフェクト、アルペジエーターやトランスゲートも装備されている。

シンセ・クラシック
▼Sawer [デモバージョン]

1980年のソビエト時代のアナログシンセ「Polivoks」に影響され誕生したシンセ音源。オシレーターには文字通りSAWに加え、サブオシレーター、ノイズオシレーターを装備。8ボイスユニゾンに加え、シンクフリケンシーモジュレーション、2つのADSR、4つのフィルターモード、コーラス、フェイザー、リバーブ、アルペジエーターなども搭載されている。

シンセ・クラシック
▼SimSynth [デモバージョン]

David Billenの開発したSimSynthスタンドアロンアプリケーションのFL Studioプラグインバージョン。80年代のクラシックアナログシンセサイザーをモデルとしており、ストリングスやパッド、ディープなベースのプリセットも用意されている。3つのオシレーター、SVF（State Variable Filter）、ADSRエンベロープ、プログラム可能なLFOセクション、コーラスエフェクトも搭載。

219

シンセ・クラシック
▼Sytrus

6つのカスタマイズ可能なFM、RMシンセシスのオペレーター、プラックストリングスのシンセシス、3 SVF（フィルター）、ディストーションモジュール、コーラス、3つのディレイラインなどのモジュールで構成されるパワフルかつ多機能な音源。ベル、パッド、ドラム、ピアノ、ストリングス、オルガンといったサウンドからEDM特有のGrowl Bass（グロウルベース）などにも威力を発揮する。

シンセ・クラシック
▼Toxic Biohazard [デモバージョン]

FMと減算方式合成（subtractive synthesis）という2つのハイブリッドなエンジンを搭載したシンセ音源。6系統のオシレーターに加え、マトリックス式のFM／LFO、アナログライクなフィルター、マルチステージディレイ、コーラス、ディストーションといったエフェクトも装備。64ステップのシーケンサーを活用したフレーズ作りも可能だ。

シンセ・クラシック
▼Transistor Bass [デモバージョン]

ローランドの「TB-303」を徹底的に解析し、サウンドと操作性を再現した音源。303ならではのアクセントやスライドはもちろん、オリジナルにはなかったディストーションも搭載され、より攻撃的なアシッドサウンドを生み出すことができる。また、視覚的にわかりやすいシーケンサー（128プログラム）が用意されており、ノートのC0からG10で各プログラムを切り替えることも可能。Black、Blue、Black Blue、Acidの4つの中から自分好みのスキンが選べるのもポイントだ。

Chapter 7 FL Studio付属プラグインの紹介

シンセ・スペシャル
▼Autogun

4,294,967,296種類ものプリセットを装備したソフト音源。サウンドはOgunのシンセサイザーエンジンとSoundgoodizerのエフェクトプロセッサを使って作成されたもので、透き通るようなパッドやベル、リードなど多種多様なものが用意されている。1秒に1種類のプリセットを聴いたとしても136年くらいかかる！

シンセ・スペシャル
▼BeepMap

画像を元に音を生成するというユニークな音源。読み込んだ画像を左から右へスキャンすることで、色や明るさが周波数、トーン、ボリュームへと変換される。空間系のサウンドや不穏な効果音などの生成に向いており、ピンポンディレイやリバーブを併用すると、神秘的な響きを生み出せる。

シンセ・スペシャル
▼Harmor [デモバージョン]

Harmlessの後継モデル。減算方式合成（subtractive synthesis）、サンプラーのような音声再合成（resynthesis）、画像シンセシス（image synthesis）の3つのアプローチで音作りが行なえる他、prism、pluck、blur、filter、phaserといった加工機能、複雑な曲線でエンベロープが描けるのもポイント。Harmorの設計理念は「more is more（全部入り）」。

シンセ・スペシャル
▼Morphine [デモバージョン]

加算方式合成（additive synthesis）にも関わらず、CPU負荷が非常に低く設計されているシンセ音源。1ボイスにつき、4つの独立した「Generators」が利用できる他、128のユニークなゾーンを持つキーボードレイヤリング、すべてのハーモニクスに対して音量、デチューン、パンニングコントロールが行なえるなど、多機能なスペックを誇る。340種類のプリセットも装備。

221

シンセ・スペシャル
▼Plucked!

　計算によって撥弦（はつげん）の楽器をシミュレートする物理モデル音源。Decayツマミで撥弦音のディケイタイム、Colorツマミで撥弦音のトーンを暗い音（左）から明るい音（右）へと変更できる。またNormalizeをオンにすると、すべての音程が同じように減衰する（これを使わないと高い音程では減衰時間が短くなる）。

シンセ・スペシャル
▼Sakura [デモバージョン]

　弦楽器をモデリングしたソフト音源。Sakura（桜）の名前の通り、お花見にマッチしそうな琴っぽいプリセットも用意されている。ミックス可能なSTRING 1と2、エキサイター、ハイカット、レゾネータなどで響きを調整できる他、LFOによるモジュレーション、ディレイ、コーラス、リバーブといったエフェクトも搭載されている。

ビジュアル
▼Fruity Video Player2

ビジュアル
▼Fruity Dance

　FL Studioの公式マスコットキャラ"FL Chan"が曲に合わせて踊るというビジュアル系プラグイン。Fruity Danceをチャンネルに読み込むと自動的に"FL Chan"が表示され、ピアノロールに打ち込んだノート情報（※）を元に振り付けが決まる。うまくノートを入力すれば、曲に同期した状態でダンスを踊ってくれるぞ！
※特定のノート（音程）に異なる振り付けが割り当てられている。

　映像に合わせて作業ができるプラグイン。wmv、avi、QuickTime、mpg、mpeg、m1v、swfのファイル形式をサポートしている。
※Macバージョンでは使えません。

Chapter 7
FL Studio付属プラグインの紹介

その他の音源

チャンネルラックの「+」メニューの最上部にある「More Plugins…」をクリックするか、ブラウザの「Plugin database」→「Installed」→「Generators」→「Fruity」をクリックすると、デフォルトの状態ではカテゴリーメニューに表示されていない音源を確認することができる。

※「Wasp」と「Wasp XT」は32ビット版のFL Studio 20を起動した際に使用できますが、MacのFL Studio 20は64ビット版になるので、「FL Slayer」を含むこれらの音源は読み込めません。

その他の音源
▼FL Slayer

数多くの人気ソフトを手掛けるreFXによって開発された、エレクトリックギターのシミュレーション音源。物理モデリングに似たハイブリッドなシンセサイズを売りにしており、高品質なアンプセクションとエフェクトラックも搭載。ギタースタイルのコードを自動で生成する「Autochords」やパワーコードを自動で生成する「Powerchords」など、演奏モードも複数用意されている。

その他の音源
▼Wasp

3オシレータ構成のシンセサイザー。2つのLFO、2つのADSRエンベロープ、リングモジュレータ、FM、PWM、ディストーションユニットを装備しており、上位モデルの「Wasp XT」ではさらに多くのモジュレーション（調整）パラメーターを用意。エレクトリックなベース、リード、パッドなどの音色がプリセットされている。

その他の音源
▼Wasp XT

「Wasp」の上位モデルシンセ。個別にパラメーターを調整可能な3オシレーター、2つのLFO、2つのADSRエンベロープ、リングモジュレーター、FM、PWM、ディストーションユニットに加え、モジュレーションエンベロープ、フィルターやAMPをコントロール可能なベロシティセクションなどを用意。ギターをフィードバックさせたような音色やウネリのあるパッドなど、少し複雑なプリセットも多く収録されている。

223

Effects（エフェクツ）編

CHAPTER 7

リバーブ、ディレイ、コンプレッサーといったオーソドックスなものから、サウンドを大胆に加工できるフィルター、スクラッチ系まで、FL Studioには50を超えるプラグインが内蔵されている。音源同様、こちらもカテゴリー別に収録エフェクトを紹介していこう。

※以下で紹介しているモデルは「FL STUDIO 20 Signature」に付属されているものです。

コントローラー
▼Control Surface

任意のエフェクトのパラメーターをノブやスライダーに集約して操作するためのプラグイン。「+」ボタンを押して、「Knob（ノブ）」、「XY（パッド）」、「Slider（スライダー）」といったコントロールをあらかじめ登録しておき、任意のエフェクトのパラメーターを右クリックすると表示される「Link to controller…」→「Internal controller」からコントロールを割り当てて使用する。

コントローラー
▼Fruity Formula Controller

ユーザー定義の関数を使用できるプラグイン。FL studio内のオートメーション可能なコントロールを操ることが可能。他のインターナルコントローラと同様に、関数の出力は0から1の値（高度な浮動小数点）をとることができる。

コントローラー
▼Fruity Peak Controller

入力音に基づいてオートメーション信号を生成するプラグイン。ノイズゲートに似ているが、LFOも装備されており自由度も高い。本書のP.104以降で紹介しているように、キックの信号を使ってシンセトラックの音量をDucking（ダッキング）させることも可能だ。

コントローラー
▼Fruity X-Y Controller

コントローラー内のXYパッドで、アサインしたパラメーターを制御できるというプラグイン。エフェクトスロットに設定後、任意の音源やエフェクトのパラメーターを右クリックし、「Link to controller」→「Internal controller」からXまたはYを選択する。LogitechのWingman Rumblepadというジョイスティックにも対応している。

Chapter 7 FL Studio付属プラグインの紹介

コントローラー
▼Fruity X-Y-Z Controller

「Fruity X-Y Controller」同様、コントローラー内のX（水平方向）、Y（垂直方向）、Z（深度）で、アサインした音源やエフェクトのパラメーターを制御できるプラグイン。「Z」はマウスのホイールまたはピンチズーム（2本の指で画面上をつまむように動かし、画面を拡大・縮小させる）に対応しており、タッチスクリーンを使ったミックスにも有効だ。

コントローラー
▼Fruity Convolver

「インパルスレスポンス」データを元に、リアルタイムに畳み込み演算を行なうことで響きを生み出すリバーブプラグイン。「インパルスレスポンス」データは実際の建物などの反射音をレコーディングしたもので、建物によって異なるキャラクタを持っているのが特徴だ。Fruity Convolverでは、オリジナルの「インパルスレスポンス」を利用することもできる。

コントローラー
▼Fruity Delay 2

Fruity Delay（P.236参照）を拡張したディレイプラグイン。FeedbackセクションやTimeセクションで様々なやまびこ効果を生み出すことができる。なお、ディレイタイムは「Time」で調整可能。微調整するにはCtrlキーを押しながらツマミを回すのがポイントだ。

!POINT
[ディレイタイム] 2分音符＝8：00、4分音符＝4：00、8分音符＝2：00、16分音符＝6：00、付点2分音符＝12：00、付点4分音符＝6：00、付点8分音符＝3：00、付点16分音符＝1：24、2分3連符＝5：16、4分3連符＝2：32、8分3連符＝1：16、16分3連符＝0：32

コントローラー
▼Fruity Delay 3

アナログスタイルのディレイを進化させたプラグイン。「TEMPO SYNC」をオンにすれば、プロジェクトのテンポチェンジに同期した状態でディレイタイムが追従する他、フィルターやローファイ感を調整可能なFEEDBACK、フィードバックさせた音を「Limit/Sat」でさらにツブして音作りできるFEEDBACK DISTORTIONも装備。その他、エコーの揺れを設定できるMODULATON、リバーブ的な響きを与えるDIFFUSIONも用意されている。

コントローラー
▼Fruity Delay Bank

パワフルなディレイ／フィルタープラグイン。エフェクトは8基の独立したバンクで構成されており、それぞれのバンクに続く形で出力される。IN（インプット）、FILT（フィルター）、FEEDBACK（フィードバック）、FB FILT（フィードバックフィルタリング）、GRAIN（グレイン）、OUT（出力）のセクションが設けられており、複雑なディレイの響きを生み出すことができる。

コントローラー
▼Fruity Reeverb 2

空間をシミュレーションできるリバーブプラグイン。空間のサイズは「SIZE (Room Size)」、初期反射音の遅れを「DEL (Predelay)」、壁に反射するエコーの密度を「DIFF (Diffusion)」で設定する。Fruity Reeverb 2では最大20秒以内のリッチで滑らかな反響音を作成可能だ。

ディストーション
▼Fruity Blood Overdrive

クラシックなオーバードライブ／ディストーション。様々な楽器パートで使用でき、音が歪む前段階で「PreBand（バンドパスフィルター）」を利用できる点や、「PreAmp」と「x100（PreAmpのゲインを100倍増やす）」で増幅された音の質感を残しつつ、最終段のゲインを「PostGain」でコントロールできるのが特徴だ。※Macバージョンは準備中（2018年7月現在）。

ディストーション
▼Fruity Fast Dist

CPU負荷の少ないディストーションエフェクト。TS404シンセと同様のディストーションエフェクトで、ベースやキックにパンチ感やノイズを加えることができる。A／Bスイッチも用意されており、2種類のディストーションサウンドを聴き比べられるのもポイントだ。

ディストーション
▼Fruity Soft Clipper

CPUに負荷をかけないソフトなリミッターフィルター。入力信号にソフトなコンプレッションをかけることにより、信号のクリッピングと歪みを避けることが可能。レベルディスプレイではコンプレッションの設定が確認でき、マウスカーソルを置くと入力と出力のレベルがヒントバーに表示される。

ディストーション
▼Fruity Squeeze

ビットを落とすことで、サウンドのキャラクターを汚れたイメージに変更できるプラグイン。Squarizeでビットデプスの減算を設定後、Puncher Impactのツマミを回すことで音色が過激に変化する。なお、Puncher Amountの値は「0％」にしておくのがポイントだ。

Chapter 7 FL Studio付属プラグインの紹介

ディストーション
▼Fruity WaveShaper

入力対出力のグラフを使って、ディストーションをかけることができるプラグイン。UnipolarとBipolar Switchの2つのモードが用意されており、Unipolarモードではグラフの底部が0dB、最上部が最大レベルとなり、Bipolarモードはサンプルの振幅がそのまま表示され、グラフの中央が0dBになる。

ディストーション
▼Hardcore (11 Guitar FX)

ギター用のストンプエフェクトとスピーカーキャビネットをシミュレーションしたプラグイン。エフェクトには、ディストーション、コーラス、フランジャー、フェーザー、リバーブ、ディレイ、ノイズゲート、イコライザー、コンプレッサー、モジュレーターを用意。マスターコントロールとして8バンドのグラフィックEQも装備されている。

ダイナミクス
▼Fruity Compressor

小さな音をより大きく、大きな音をクリップさせないようにするためのプラグイン。EDM系のトラックでは、キックやベースの音を太くする目的で使用されることが多い。Fruity Compressorでは、コンプレッション効果がフルに至るまでの変化の仕方を性格付ける「Knee（ニー）」のタイプがチョイスできるのもポイントだ。

ダイナミクス
▼Fruity Limiter

サイドチェイン機能も備えたシングルバンドのパワフルなコンプレッサー、リミッター、ゲートを装備したプラグイン。オーディオ信号は、インプットからコンプレッサー（COMP）、ゲイン、リミッター（ノイズゲートを含む）、サチュレーション（SAT）、最終アウトプットへと流れる仕組みになっており、解析ディスプレイでは各セクションの設定が入力／出力サウンドにどのように影響しているかを視覚的に確認することができる。

227

ダイナミクス
▼Fruity Multiband Compressor

　ButterWorth IIR／LinearPhase FIRフィルターを使った3バンドステレオコンプレッサー。信号を3つの帯域に振り分けて、それぞれにコンプレッサーをかけられるのが特徴。ベースやボーカルのサウンドメイクにも利用できるが、マスタートラックに読み込んで、マスタリング目的で利用するのが一般的だ。

ダイナミクス
▼Maximus

　マスタリング用途など、2ミックスの音圧調整に最適なプラグイン。3つの帯域「High(黄)」、「Mid(オレンジ)」、「Low(赤)」と、最終「Master(緑)」のそれぞれに独立したリミッター／コンプレッサーをかけることができ、サウンドの状況がグラフィカルに表示されるのも特徴。「SOLO」ボタンで、各帯域をソロの状態にしたり、解析結果のスクロールのスピードを調整することも可能だ。

ダイナミクス
▼Soundgoodizer

　Maximusを元に生み出されたステレオ「マキシマイザー／エンハンサー」プラグイン。A、B、C、Dの4種類のサウンドキャラクターが用意されており、原音とSoundgoodizerの効果を中央のノブでブレンドできる。なお、ノブは左が0%(原音のみ)、右が100%(処理後の音のみ)となっている。

ダイナミクス
▼Transient Processor [デモバージョン]

　サウンドのアタック感やリリースのニュアンスを手軽にコントロールできるダイナミクス系プラグイン。コンプレッサーやエキスパンダーとは違い、スレッショルドやレシオの設定はなく「ATTACK」と「RELEASE」のツマミのみで音作りが行なえるのが特徴。ドラムにパンチ感を加えたり、ボーカルに迫力を加えたいときに有効なエフェクトだ。

Chapter 7
FL Studio付属プラグインの紹介

フィルター
▼EQUO

高機能なモーフィング・グラフィック・イコライザー。音質の調整ではなく、大胆にサウンドを加工する目的で使用するのに向いており、単にサウンドの周波数をブースト／カットするだけでなく、周波数ごとにパンをコントロールすることもできる。1つのMaster EQ設定と8つの独立したEQ／PAN設定が保存でき、これらのEQ形状はMorphノブを使ってスムーズにモーフィングさせることが可能だ。

フィルター
▼Fruity Love Philter

8基の独立したフィルターユニットから構成されるフィルタープラグイン。各ユニットは左から右へと直列に接続されているが、それぞれプラグインの出力に直接送ることも可能。シンプルなLowpassやhighpassのプリセットも用意されているが、いくつかのフィルターユニットを組み合わせて複雑なディレイ、ゲート、フィルター効果を作り出すこともできる。

フィルター
▼Fruity Parametric EQ

フィルター
▼Fruity Parametric EQ 2

CPU低負荷の7バンドのパラメトリックイコライザー。それぞれのバンドはハイシェルフ、ローシェルフ、ピーキング、バンドパス、ノッチ、ハイパス、ローパスフィルターを設定でき、グローバルゲインつまみによって、全体のボリュームを調節することも可能。非常にコンパクトなので、画面のスペースに余裕がない場合にも有効だ。

スペクトル解析付きの7バンドのパラメトリックEQ。各バンドの周波数とバンド幅、バンドタイプを選ぶことができ、バンドタイプにはハイシェルフ、ローシェルフ、ピーキング、バンドパス、ノッチ、ハイパス、ローパスフィルターを選択可能。全体のボリュームを調節するためのグルーバルゲイン・スライダーも用意されている。

229

フランジャー
▼Fruity Chorus

　Smart Electronixの開発したFL Studio専用プラグイン。Delay、Depth、Stereo、LFO 1 Freq／LFO 2 Freq／LFO 2 Freq、LFO 1 Wave／LFO 2 Wave／LFO 3 Wave、Cross Type、Cross Cutoff、Wet Onlyのパラメーターを持ち、Depthのパラメーターを大きな値を設定すると特殊効果や強いモジュレーションを生み出すことができる。

フランジャー
▼Fruity Flanger

　「Chorus」同様、Smart Electronixの開発したFL Studio専用のプラグイン。広い空間でジェット機が頭上を通り過ぎるような効果を演出でき、「feed（フィードバック）」の値を高くすると過激なウネリが生成される。「Invert Feedback」と「Invert Wet」の2つのスイッチで、フィードバック信号とエフェクト信号を反転させることも可能だ。

ゲイン
▼Fruity Flangus

　ミックスにリッチなステレオの広がり感を与えられるプラグイン。ボイスサンプルに艶を与えたり、ユニゾンモードのシンセをシミュレートするなど、プリセットを切り替えるだけで色々な響きを試すことができる。「ORD」でフランジャーを重ねる数を増やせば、かなりゴージャスで深みのあるサウンドが生み出せる。

フランジャー
▼Fruity Phaser

　Smart Electronix提供のSupaPhaserをベースとしたフェイザープラグイン。オールドのフェイザーの多くは4つから6つのステージが用意されているが、Phaserでは23までのステージが設定できるのが特徴。ステージ数が増えるとよりアグレッシブに、表情豊かな響きになる。

ゲイン
▼Fruity Balance

　左右の音量バランスを後から調整するためのプラグイン。例えば、ステレオで録音したシンセサイザーの音が左右で微妙に違う際などに活用すると効果的。なお、本プラグインはリアルタイムに音量を操作してもポップやクリックが発生しないのもポイントだ。

ゲイン
▼Fruity PanOMtic

　パネルの十字をマウスでドラッグすることで、ボリュームやパンをコントロールできるプラグイン。十字の上下でボリュームの大小、左右でパンを設定可能で、デフォルトではOFFになっているLFOを有効にすると、LFOの周期でボリュームやパンを制御することもできる。

Chapter 7
FL Studio付属プラグインの紹介

ゲイン
▼Fruity Send

　エフェクトスロットに呼び込み、番号（センドトラック）を指定することでオーディオ信号をセンドトラックにルーティングできるというプラグイン。ミキサーのフェーダーを通過する前の音を、ダイレクトにセンドトラックに送れるのが特徴だ。

ゲイン
▼Fruity Stereo Shaper

　多目的なステレオシェープツール。片方または両方のチャンネルのフェーズを反転させたり、インプット信号のステレオ情報の出力量を増減したり、センターにミックスされた定位はそのままで、ステレオ信号のみに効果を与える、左右のディレイ機能を利用してモノラル入力をステレオ化するといったことが可能だ。

ゲイン
▼Fruity Stereo Enhancer

　入力されるサウンドのステレオイメージを変更するためのプラグイン（※）。Stereo Separationのツマミでステレオ感の分離状態を増減でき、可変幅は0％（右に回しきった状態）から200％（左に回しきった状態）まで設定可能。0％でモノラル、100％の状態でオリジナルのステレオイメージとなる。
※モノラルの信号では機能しません。

その他
▼Edison

　ミキサーのエフェクトスロットに読み込むことで、そのトラックの音を録音できるという波形編集＆録音ツール。Edisonでの録音はPC/MacのRAM（メモリー）領域を使うため、原則としてはボイスサンプルや短いフレーズを録音することを目的としている。なお、Edisonはミキサートラックのエフェクトスロットから読み込む以外に、ツールバーのOpen audio editorアイコンから起動することもできる。

その他
▼Effector (12 FX)

　DISTORT、LO-FI、FLANGER、PHASER、FILTER、DELAY、REVERB、STEREO、TRANS、GRAIN、VOX、RINGといった12種類のパフォーマンスエフェクトを搭載したプラグイン。大きなXYパッドを持ち、リアルタイムに音色を変化させられるのが特徴。なお、Effectorで使用できるエフェクト数は1度に1つのみだ。同じチャンネルで複数の異なるエフェクトを使用したい場合は、いくつかのEffectorをアサインする必要がある。

231

その他
▼Fruity LSD

DirectMusicのソフトシンセ機能をFL Studioに最適化したプラグイン。エフェクトスロットに読み込み、「MIDI Out」を組み合わせることで16パートのMIDI音源として使用できる。標準的なMIDI設定で、15のインストゥルメントチャンネルと1つのドラムチャンネルが利用可能だ。

※Macバージョンでは使えません。

その他
▼Fruity Scratcher

ターンテーブルのスクラッチをシミュレートするプラグイン。FL Studioのサポートするすべてのサンプルを使うことができ、操作をリアルタイムにレコーディングすることも可能。ターンテーブルのウェイトや加速をコントロールすることもできる。

※Macバージョンは準備中（2018年7月現在）。

その他
▼Fruity Vocoder

レイテンシーのない先進的なリアルタイムボコーダー。「Vocodex」同様、モジュレーター（声のトラック）とキャリア（シンセなどの音程を鳴らすトラック）を使ってボコーダーサウンドを生成する。なお、Vocoderはモジュレーターとキャリアの信号をLとRで入力する仕組みなので、あらかじめミキサー上でモジュレーターとキャリアのトラックの定位を左右に振ってから信号を送る必要がある。

その他
▼Gross Beat

オーディオのピッチとボリュームをグラフィカルなカーブで加工できるプラグイン。画面左のタイム（上）とボリューム（下）には様々なプリセットが用意されており、「テープを急にストップさせたような効果」や「トランス風ゲート効果」、「サイドチェインのダッキング効果」などが生み出せる。

Chapter 7 FL Studio付属プラグインの紹介

その他
▼Newtone

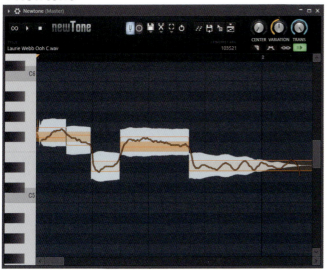

ボーカルなどのオーディオを解析し、ピッチやボリュームを修正可能なプラグイン。ピアノロール上に解析されたオーディオは、上下のドラッグ操作で音程、左右のドラッグ操作で発音タイミングを調整できる。「variation」や「trans」を左に振り切ると、ケロケロボイスを作成することも可能だ。

その他
▼Pitcher

ボーカルなどのオーディオを指定したスケールに強制的に合わせてくれるプラグイン。「C」や「C#」といったキーに対し、インプット（修正前）とアウトプット（修正後）の音程がリアルタイムに赤いメーターで表示される。単純なピッチ修正だけではなく、「GENDER」や「FORMANT」で男女の声のニュアンスを変更できる点もポイントだ。

その他
▼Vocodex

最大100まで可変幅なマルチパラメーターボコーダーバンドを装備したボコーダープラグイン。声（モジュレーター）のトラックとシンセなどの音程（キャリア）のあるトラックの信号を、あらかじめVocodexの設定されたトラックにルーティング後、Vocodexの「MOD」と「CAR」にそのトラック番号を割り当てることでロボットボイスを生成することができる。

パッチャー
▼Patcher

希望の音源とエフェクトを読み込んで、それぞれをPatcher内部で接続し1つのユニットとして機能させるプラグイン。FL Studioでは、音源としてもエフェクトとしても「Patcher」を利用することができる。

ビジュアル
▼Fruity Big Clock

ミキサーのエフェクトスロットに読み込むことで、再生時間を「小節：拍：ティック形式」、または「分：秒：ミリ秒形式」で表示するためのプラグイン。ソングタイムを「小節：ステップ：ティック形式」で表示することもできる。

ビジュアル
▼Fruity dB Meter

入力信号を「dB（デシベル）」単位で表示するピークメーター。0dBより高いレベルはオレンジで表示され、マウスカーソルを表示の上に置くとレベルが表示される。また右クリックするとピーク値をリセットすることも可能。コンプレッサーの前後に読み込んで、レベルを確認する目的で使用する手もありだ。

ビジュアル
▼Fruity HTML NoteBook

WEBサイトなどが表示できるというHTMLビューアープラグイン。「FRUITY HTML NOTEBOOK」をクリックすると「Jump to http://」が表示され、アドレスを入力できる。

ビジュアル
▼Fruity NoteBook

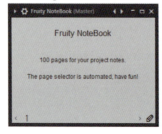

曲の情報、ストーリー、歌詞、個人的なメモなどを入力できるメモパッド（100ページ）。多くのテキストフォーマットに対応しており、ワードパッドなどのテキストエディターからコピー&ペーストすることも可能。また、下段のページスライダーは「automation clip」にも対応しており、曲に合わせてページをめくることもできる。

Chapter 7
FL Studio付属プラグインの紹介

パッチャー
▼Fruity NoteBook 2

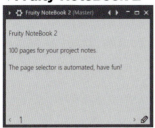

「Fruity NoteBook」同様、曲の情報、ストーリー、歌詞、個人的なメモなどを入力できるメモパッド（100ページ）。「Fruity NoteBook」は文字がセンター揃えだが、「Fruity NoteBook 2」は左揃えになっている。

パッチャー
▼Fruity Spectroman

ミックスの際に各トラックの周波数分布をチェックするためのスペクトルアナライザー。特定の周波数が大きくなると対応するバーがより高くなる「スペクトログラフ」と、時間に沿って音の周波数の強さをスクロール表示させる「ソノグラム」の2つの表示モードが用意されている。

パッチャー
▼Razer Chroma

Razer Chromaに対応したラップトップPC、パソコン用キーボード、マウス、ヘッドセットなどのビジュアルエフェクトを制御するためのプラグイン。ミキサートラックのインサートにかけることで、各デバイスを音に反応させることができる。対応製品については、https://www.image-line.com/razer/razerlinks.htmlを参照してほしい。

パッチャー
▼Wave Candy

オシロスコープ、スペクトルアナライザー、ピークメーターを搭載したフレキシブルなオーディオ解析＆ビジュアル化ツール。ディスプレイタイプ、色、周波数レンジ、ダイナミックレンジなど、すべて自分好みにカスタマイズできるのも特徴だ。

パッチャー
▼ZGameEditor Visualizer

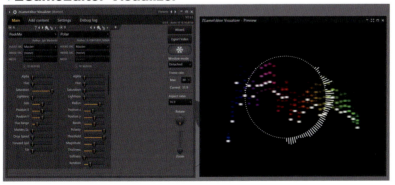

フリーのオープンソースとして有名なZgameEditorを元に開発されたビジュアルプラグイン。オーディオやMIDIの入力に合わせたエフェクト効果を選ぶことで、自動的にユニークな映像を生み出すことができる。ライブパフォーマンスはもちろん、楽曲をYouTubeにアップする際のPV作りにも威力を発揮する。

235

その他のプラグインエフェクト

インサートエフェクトのプルダウンメニュー最上部にある「More plugins…」をクリックするか、ブラウザの「Plugin database」→「Installed」→「Effects」→「Fruity」をクリックすると、デフォルトの状態ではカテゴリーメニューに表示されていないエフェクトを確認することができる。シンプルで扱いやすいエフェクトも多いので、こちらももれなくチェックしておこう。

その他のエフェクト
▼Fruity 7 Band Equalizer

7バンド（ローシェルフ×1、ピーキング×5、ハイシェルフ×1）のイコライザープラグイン。コントロール可能な7つの各帯域（63Hz、250Hz、500Hz、1500Hz、3kHz、5kHz、8kHz）には互いにわずかにオーバーラップした周波数エリアを持っており、画面のノブがスライダーであれば、7バンドのグラフィックイコライザーと呼ぶこともできる。

その他のエフェクト
▼Fruity Bass Boost

20Hz～100Hzという低音域をブースト（増強）するためのプラグイン。パラメーターは2つと至ってシンプルで、FREQで希望の周波数を選び、AMOUNTでブースト量を調整するだけだ。ピンポイントにローを補強したいときに威力を発揮する。

その他のエフェクト
▼Fruity Center

DCオフセット・（無音の際に出力がゼロではなく、正または負に一定量偏っていること）をリアルタイムに取り除くことができるプラグイン。TS404といったDCオフセットを発生するシンセサイザーに有効だ。

その他のエフェクト
▼Fruity Delay

Normal（ステレオ信号を元と同じに出力）、Inv.Stereo（エコー音の左右を入れ替えて出力）、Ping Pong（エコーの左右のチャンネルを交互に入れ替えて出力）という3モードを備えたディレイ。エコーのボリュームをFeedback、エコーにかけるローパスフィルターの周波数をCutoff、Stepでエコーとエコーの間の時間が設定できる（デフォルトは3ステップ間隔）。

その他のエフェクト
▼Fruity Fast LP

CPU負荷が非常に低くオートメーションでの使用に最適化されたローパスフィルター。カットオフ周波数を設定するためのCutoffツマミ（値が大きい程、フィルターを通過する周波数帯の幅は広くなる）、カットオフ付近の増幅された周波数帯で特殊な効果を得るためのレゾナンスを設定するResonanceツマミの2つで構成されている。

Chapter 7 FL Studio付属プラグインの紹介

その他のエフェクト
▼Fruity Filter

オートメーションに最適化された数値調整可能なフィルター（SVF）プラグイン。Cutoff freqでローパス／バンドパス／ハイパスのカットオフを設定すれば、簡単にLow Pass、Band Pass、High Passのツマミで、出力へミックスされる各フィルターの音量がコントロールできる。

その他のエフェクト
▼Fruity Free Filter

その他のエフェクト
▼Fruity Mute 2

サウンドをミュート（無音化）させるためのプラグイン。ミュートのオン／オフ、チャンネル（L＋R、またはL、R個別）の指定と操作は至ってシンプルだが、リバーブやディレイの残響音を瞬時にミュートしたり、サブミックスでLやRのチャンネルを作るためにミキサールーティングと組み合わせて使うなど、工夫次第で色々な活用方法が考えられる。

汎用性の高いフィルタープラグイン。7種類（Lowpass、Bandpass、Highpass、Notch、Lowshelf、Peaking EQ、Highshelf）のフィルタータイプが用意されており、ハイパス／ローパスフィルターではQはレゾナンスとして機能し、他のフィルターではシャープなロールオフを作り出す能力を意味するなど、選択したタイプによってFreqやQの役割り（操作内容）が変わってくる。Gainはピーキングフィルター（Lowshelf、Peaking EQ、Highshelf）の時だけ有効だ。

その他のエフェクト
▼Fruity Phase Inverter

左右のチャンネルの位相を反転させるプラグイン。サラウンドのような効果を微妙に付けることも可能だが、位相を反転させると左右チャンネルで互いの音を打ち消し合う場合もあるため、特に出力をモノラルに変換する際には注意が必要だ。

その他のエフェクト
▼Fruity Reeverb

オーソドックスなリバーブプラグイン。LowCut（設定した周波数以下の低域をカット）、HighCut（設定した周波数より上の高域をカット）、Predelay（最初のエコー・初期反射までの時間）、RoomSize（部屋の大きさ）、Diffusion（反射音の広がり具合）、Color（Brighter／Bright／Flat／Warm／Warmerから全体的な鳴りの印象を設定）、Decay（リバーブ音が減衰して-60dBに達するまでの時間）、HighDamping（リバーブ成分の高域成分の減衰の設定）、Dry（原音の出力レベル）、Reverb（リバーブ音の出力レベル）が設定できる。

A B C		
Arrangement	186
ASIO4ALL	35
Bar	17
Beat	17
Browse parameters	94
Browser extra search folders	51
Cell	17
Channel presets	21
Chop	110
Clone	49
CPUメーター/CPUグラフ	18
Current Project	20
Edison	81
Image-Line Remote	200
Line	17
Make unique	70
Merge with	188
Misc	21
Multi touch control	199
Packs	21
Plugin database	20
Plugin Manager	162
Plugin presets	21
Prcomputed effects	25
Project bones	21, 98
Recorded	21
Render as audio clip	192
Rendered	21
Scores	21
Sliced audio	21, 83
Speech	21
Stamp	193
Step	17
STRETCH	73

	Stutter	137
あ	アウトプットモニターパネル	17
	アンドゥ/ヒストリ	18
い	イベントエディタ	181
	インプットクオンタイズ	15
う	ウェイトフォーインプット	16
お	オシロスコープ/スペクトログラム	17
	オンラインニュース	19
	オーディオエディタを開く	18
	オーディオとして書き出す	19
	オートスクロール	16
	オートメーションクリップ	92
	オープンプラグイン	18
	オープンプロジェクト/プラグインピッカー	18
か	カウントイン	16
く	クオンタイズ	63
	クリップタイプのフォーカス	29
	グローバルスナップセレクター	17
こ	コンテンツライブラリ	19
さ	再生／一時停止	27, 29
	再生 (スクラブ)	27, 29
し	消去	27, 28
す	スタンプ	26
	ステップエディティング	16
	ステップシーケンサー	48
	ステップ入力	57
	ステレオセパレーション	31
	ステレオフリップ	31
	スナップショット	21
	スナップパネル	17
	スライス	27, 29
	スライド	127
	スリップ	28
	ズーム	29

Special Index
キーワードで探す

	ズームイン／アウト ・・・・・・・・・・・・・・・・ 56	
せ	選択 ・・・・・・・・・・・・・・・・・・・・・ 27, 29	
そ	ソングポジションスライダー ・・・・・・・・・ 15	
た	タイピング トゥ ピアノキーボード ・・・・・・ 16	
	タイムパネル ・・・・・・・・・・・・・・・・・・ 16	
	タイムバー ・・・・・・・・・・・・・・・・・・ 171	
	ターゲットチャンネル ・・・・・・・・・・・・・ 27	
	ターゲットミキサートラック ・・・・・・・・・ 23	
ち	チャンネルオプション ・・・・・・・・・・・・・ 22	
	チャンネルセッティング ・・・・・・・・ 13, 25	
	チャンネルプラグインを追加 ・・・・・・・・・ 23	
	チャンネルラック ・・・・・・・・・・・・ 13, 22	
つ	ツールバー ・・・・・・・・・・・・・・・・・・ 19	
と	トラックの並び順を変更する ・・・・・・・・・ 75	
	トラックレコーディングスイッチ ・・・・ 31, 79	
	トラック遅延補正 ・・・・・・・・・・・・・・・ 32	
	トランスポートパネル ・・・・・・・・・・・・ 14	
	ドロー ・・・・・・・・・・・・・・・・・・ 26, 28	
に	ニューパターン ・・・・・・・・・・・・・・・・ 17	
の	ノート/クリップグルーピング ・・・・・・・・・ 16	
	ノートの複製 ・・・・・・・・・・・・・・・・・ 55	
は	パターン/ソングモード ・・・・・・・・・ 14, 48	
	パターンオプション ・・・・・・・・・・・・・・ 17	
	パターンセレクター ・・・・・・・・・・・・・・ 17	
	パターンパネル ・・・・・・・・・・・・・・・・ 17	
ひ	ピアノロール ・・・・・・・・・・・・・・・・・ 13	
	ピアノロールオプション ・・・・・・・・・・・ 26	
	ピッカー ・・・・・・・・・・・・・・・・・・・ 29	
	ビュータッチコントローラー ・・・・・・・・・ 18	
	ビューチャンネルラック ・・・・・・・・・・・ 18	
	ビューテンポタッパー ・・・・・・・・・・・・ 18	
	ビューピアノロール ・・・・・・・・・・・ 18, 26	
	ビューブラウザ ・・・・・・・・・・・・・・・・ 18	
	ビュープレイリスト ・・・・・・・・・・・・・ 18	

	ビュープロジェクトインフォ ・・・・・・・・・ 19	
	ビューミキサー ・・・・・・・・・・・・・・・・ 18	
	ピークメーター ・・・・・・・・・・・・・・・・ 17	
ふ	フィルターグループ ・・・・・・・・・・・・・・ 64	
	フォルダをブラウザに登録する ・・・・・・・・ 51	
	複数ノートの選択 ・・・・・・・・・・・・・・・ 55	
	ブラウザ ・・・・・・・・・・・・・・・・ 12, 20	
	プレイリスト ・・・・・・・・・・・・・・ 13, 28	
	プレイリストオプション ・・・・・・・・・・・ 28	
	プレビューキーボード ・・・・・・・・・・・・ 27	
	ブレンドレコーディング ・・・・・・・・ 16, 62	
	プロジェクト ・・・・・・・・・・・・・・・・・ 12	
	プロジェクトを保存する ・・・・・・・・・・・ 43	
へ	ペイント ・・・・・・・・・・・・・・・・・・・ 28	
ほ	ポリフォニー ・・・・・・・・・・・・・・・・・ 18	
	ポリペイント ・・・・・・・・・・・・・・・・・ 27	
ま	マスターピッチ ・・・・・・・・・・・・・・・・ 13	
	マスターボリューム ・・・・・・・・・・・・・ 13	
	マルチタッチコントロール ・・・・・・・・・・ 30	
	マルチリンクコントローラーズ ・・・・・・・・ 16	
み	ミキサー ・・・・・・・・・・・・・・・・ 13, 30	
	ミュート ・・・・・・・・・・・・・・・・ 27, 28	
め	メトロノーム ・・・・・・・・・・・・・・・・・ 16	
	メモリメーター ・・・・・・・・・・・・・・・・ 18	
	メーターウェーブビュー ・・・・・・・・・・・ 30	
も	モノペイント ・・・・・・・・・・・・・・・・・ 27	
ろ	録音モード ・・・・・・・・・・・・・・・・・・ 15	
る	ループレコーディング ・・・・・・・・・ 16, 62	
れ	レイテンシー ・・・・・・・・・・・・・・・・・ 44	
わ	ワンクリックオーディオレコーディング ・・・・・・ 18	

FL STUDIO 20 攻略BOOK

2018年7月14日　初版発行

著者：東　哲哉
協力：株式会社フックアップ

表紙・フォーマットデザイン、DTP：老田　寛［有限会社プロスペリティ］
制作：株式会社ミュージック・マスター
発行所：有限会社サウンド・デザイナー

〒101-0048
東京都千代田区神田司町2-9 セントラル千代田ビル5F
TEL：03-3295-5331　FAX：03-3295-5332
URL：http://www.sounddesigner.jp

写真のPCは、本誌「FL STUDIO 20 攻略BOOK」の作成で使用したJUNSの「JUNS 2 for Videographer」。DAWだけでなく、PV・MVなどの作成にムービー編集用としても使用できる点が特徴。カスタマイズにも柔軟に対応が可能です。
詳しくは、JUNS株式会社まで。

● 問：JUNS株式会社
● TEL：03-5989-1076
● URL：http://www.juns.jp/

■ 記載の製品名、会社名及びロゴ等は各社の商標及び登録商標です。
■ 本書の記事、図版等の無断掲載・複製は固くお断りいたします。
■ 乱丁・落丁はお取り替えいたします。